Reinhard Abeln

Das große Kinderbuch zum Kirchenjahr

REINHARD ABELN

Das große Kinderbuch zum

Kirchenjahr

Heilige · Feste · Brauchtum · Rituale

benno

Das vorliegende Buch ist inhaltsgleich mit
„Das große Erstkommunionbuch zum Kirchenjahr".

Bibliografische Information der Deutschen Nationalbibliothek
Die Deutsche Nationalbibliothek verzeichnet diese Publikation in der
Deutschen Nationalbibliografie; detaillierte bibliografische Daten sind im
Internet über http://dnb.d-nb.de abrufbar.

Besuchen Sie uns im Internet:
www.st-benno.de

Gern informieren wir Sie unverbindlich und aktuell auch in unserem Newsletter
zum Verlagsprogramm, zu Neuerscheinungen und Aktionen. Einfach anmelden
unter www.st-benno.de.

ISBN 978-3-7462-4199-9

© St. Benno-Verlag GmbH, Leipzig
Umschlaggestaltung: Ulrike Vetter, Leipzig
Umschlagmotive: © picture alliance (5), © Sunnydays/Fotolia (Hintergrund)
Layout und Gesamtherstellung: Arnold & Domnick, Leipzig (C)

Inhalt

Die liturgischen Farben im Kanzel- und Altarschmuck und in den liturgischen Gewändern lassen erkennen, welche Zeit im Kirchenjahr gefeiert wird:

Weiß Freude – Weihnachts- und Osterzeit

Violett Buße und Umkehr – Advents- und Fastenzeit

Rosa Vorfreude – 3. Adventssonntag und 4. Fastensonntag

Rot Farbe des Feuers – Pfingsten, Liebe, Gottes Geist, aber auch: Farbe des Blutes – Palmsonntag, Karfreitag, Feste der Apostel und Märtyrer

Grün Hoffnung – festfreie Zeit im Kirchenjahr

Schwarz Tod und Trauer

Liebes Mädchen, lieber Junge!

Dieses liebevoll gestaltete Buch zum Kirchenjahr soll dich wie ein guter Freund durch die Zeit des Kirchenjahres begleiten. Es enthält viel Wissenswertes zu den einzelnen Festen und Festzeiten, dazu passende Bräuche, Geschichten aus der Bibel, Legenden und Gebete. Außerdem findest du hier die wichtigsten Namenstage für jeden Tag des Kirchenjahres. Einige bekannte Heilige werden mit Bildern und Geschichten vorgestellt.

Das Kirchenjahr beginnt am ersten Adventssonntag (Anfang Dezember oder schon Ende November) und endet am Christkönigssonntag (Totensonntag) des darauffolgenden Jahres. Es ist in drei große Zeiträume eingeteilt: der weihnachtliche Festkreis (Advent und Weihnachtszeit), der österliche Festkreis (Fastenzeit, Karwoche, Osterzeit) und die Zeit im Jahreskreis (die Wochen zwischen dem weihnachtlichen und österlichen Festkreis sowie die Zeit zwischen Pfingstmontag und Samstag vor dem 1. Advent).

Das Buch will dir helfen, die Feste und Heiligen der Kirche besser zu verstehen und den Glauben als Christ mit ganzem Herzen zu erleben. Es will dir nicht nur Informationen geben, sondern auch viel Freude und Spaß beim Lesen und beim Betrachten der Bilder machen.

Reinhard Abeln

Weihnachtsfestkreis

Advent

Advent ist eine schöne Zeit, vielleicht die schönste Zeit im Kirchenjahr. Das Wort kommt aus der lateinischen Sprache (adventus) und heißt Ankunft, Erwartung. Wir denken im Advent daran, dass Jesus wiederkommen und alles gutmachen wird.

Vier Wochen lang bereiten wir uns auf Weihnachten, das Geburtsfest von Jesus, vor. Auf dem Tisch steht ein schön geschmückter Adventskranz mit farbigen Kerzen. An den vier Advents- sonntagen zünden wir jeweils eine neue Kerze an. Immer heller soll es in unseren Herzen werden.

Es ist schön, wenn wir in der Familie um den Adventskranz herumsitzen. Das kann am Abend sein oder am Wochenende, wenn alle da sind. Wir zünden die Kerzen an, singen gemeinsam Lieder, lesen Advents- und Weihnachtsgeschichten vor, erzählen und basteln zusammen.

Wir schmücken im Advent unsere Wohnung mit schönen Basteleien. An die Fenster hängen wir Sterne aus Stroh und an die Wände Adventsbilder. Auf Tische und Schränke stellen wir selbst gemachte Adventsgestecke und Adventssträuße.

Wir denken im Advent an den Besuch des Engels bei Maria: Maria lebte in der Stadt Nazaret. Sie war verlobt mit Josef. Eines Tages schickte Gott den Engel Gabriel zu ihr. Dieser sagte: „Du wirst ein Kind bekommen, das wird der Sohn Gottes sein." Maria war ganz überrascht. Aber dann antwortete sie: „Ich will nur das, was Gott will. So soll geschehen, wie du gesagt hast."

Im Advent denken wir auch an die Menschen in der sogenannten „Dritten Welt". Ihre Not ist oft so groß. Sie haben nicht genug zu essen und wenig anzuziehen. Es gibt viele Hilfsaktionen, zum Beispiel das Hilfswerk „Adveniat" (das Wort kommt von Advent). Sie wollen diesen Menschen helfen. Mit einer Spende kann jeder ein wenig dazu beitragen.

Der Priester zieht im Advent zum Gottesdienst violette Messkleider an. Die violette Farbe sagt uns, dass jetzt eine Zeit der Besinnung und der Vorfreude beginnt. Wir freuen uns, dass Jesus bald kommt. Wir warten auf ihn.

Adventskalender

Adventskalender können helfen, die Zeit bis zum Weihnachtsfest zu verkürzen. Meist haben sie vom 1. bis zum 24. Dezember für jeden Tag ein Türchen zum Öffnen. Es gibt ganz unterschiedliche Adventskalender: gefüllt mit Schokolade, mit kleinen Bildern, mit Texten zur Besinnung, mit kurzen Erzählungen oder Bastelvorschlägen für Weihnachten und vieles mehr.

Adventskalender gibt es seit über hundert Jahren. Die Tradition ist entstanden, als christliche Familien jeden Tag im Advent ein Bild an die Wand hängten. Erst später gab es Adventskalender mit bunten Bildern zu kaufen.

Aber auch heute könnt ihr Adventskalender selbst basteln. So ein selbst gemachter Kalender ist ein wunderschönes Geschenk. Eurer Fantasie sind dabei keine Grenzen gesetzt: Versucht einmal, einen richtigen Kalender mit Türchen und selbst gemalten Bildern dahinter zu basteln. Einfacher ist es, 24 kleine Schachteln (z. B. leere Streichholzschachteln) mit Basteleien oder kleinen Bildern zu füllen.

Adventskranz

Das wohl bekannteste Symbol des Advents ist der Adventskranz. Er begleitet uns durch die vierwöchige Adventszeit und weckt in uns die Vorfreude auf Weihnachten, das Fest der Geburt Jesu.

Die grünen Zweige des Adventskranzes sind ein Zeichen des Lebens und der Hoffnung, die mit Jesus in die Welt kommen. Die roten Kerzen sind ein Zeichen der Liebe Gottes, die uns an Weihnachten geschenkt wird. Und die violette Farbe der Schleifen, die manchen Adventskranz schmücken, sind ein Zeichen der Umkehr und der Sehnsucht.

„Erfunden" hat den Adventskranz der evangelische Pfarrer Johann Hinrich Wichern (1808–1881) vor über 150 Jahren. Jeden Tag ließ er in der Adventszeit für die Kinder und Jugendlichen des Rauhen Hauses in Hamburg eine Kerze auf einem großen Tannenkranz entzünden. Am Heiligen Abend brannten dann 24 Kerzen. Da dieser Kranz sehr groß und schwierig herzustellen war, nahm man in späteren Jahren nur noch vier Kerzen, für jeden Sonntag im Advent eine.

Rorate-Messen

Rorate-Messen sind spezielle Gottesdienste in der Adventszeit. Sie werden sehr früh und meist nur bei Kerzenlicht gefeiert. „Rorate" bedeutet übersetzt „Tauet" und stammt aus dem Eröffnungsgesang „Tauet, ihr Himmel, von oben", in dem die Christen ihre große Sehnsucht nach Gottes Kommen in die Welt zum Ausdruck bringen.

Friedenslicht von Betlehem

Das Friedenslicht von Betlehem wird seit 1993 in jedem Jahr von Pfadfindern in die kirchlichen Gemeinden gebracht. Es soll Alt und Jung an die Worte der Weihnachtsbotschaft erinnern: „Verherrlicht ist Gott in der Höhe, und auf Erden ist Friede bei den Menschen seiner Gnade" (Lukas 2,14).

Lebkuchen

Der Lebkuchen, auch bekannt als „Pfefferkuchen", ist eine bekannte Advents- und Weihnachtsspezialität. Das Gebäck aus Nüssen, Mandeln, Honig und kostbaren Gewürzen ist seit dem Mittelalter bei vielen Menschen beliebt. Der Teig hat meist die Form von Herzen, Sternen oder Nikoläusen. Die berühmteste deutsche Lebkuchenstadt ist Nürnberg.

Frautragen

Frautragen ist ein religiöser Brauch, der sich auf die Herbergssuche von Maria und Josef bezieht. Danach wird in manchen Gegenden in den letzten neun Tagen der Adventszeit eine Marienplastik oder ein Marienbild von Wohnung zu Wohnung getragen und auf einem Hausaltar zur Andacht aufgestellt.

Adventsklopfen

In früheren Zeiten zogen die Kinder in der Adventszeit um die Häuser. Sie waren ausgerüstet mit kleinen Hämmerchen oder Ruten und schlugen damit gegen die Türen der Leute. Dabei sangen sie ein Weihnachtslied und baten dann um Plätzchen, Nüsse oder ein paar Groschen. Dieser jahrhundertealte Brauch des Adventsklopfens geht auf die Zeit des Mittelalters zurück. Damals klopften die Menschen an die Türen der Nachbarn, um festzustellen, ob noch jemand im Haus am Leben sei.

Wissenswertes: Nazaret

Nazaret war zur Zeit Jesu ein unbedeutendes kleines Dorf im Süden von Galiläa, etwa 25 Kilometer vom See Gennesaret entfernt. Hier erschien der Erzengel Gabriel der Jungfrau Maria und kündete ihr die Geburt Jesu an. In dieser Stadt lebte Jesus mit seinen Eltern, bis er etwa dreißig Jahre alt war.

Weihnachtsmärkte

Die ersten Weihnachts- oder Christkindlesmärkte sind bereits seit dem 17. Jahrhundert bekannt. Sie wurden meistens um die Kirchen herum aufgebaut. Beliebteste Verkaufsartikel waren handgearbeitetes Spielzeug, Glaskugeln, Lametta, Sterne, Krippenfiguren, Stollen, fernöstliche Gewürze ... Heute sind Weihnachtsmärkte beliebte Orte für viele Besucher aus nah und fern und Anziehungspunkte zahlreicher Touristen.

Advents-Türschmuck

Mistelzweige werden im Advent von vielen Familien als Schmuck an die Haustür gehängt. Sie sollen als Weihnachtssymbol die Besucher des Hauses begrüßen. Misteln wachsen auf den Ästen knorriger Bäume, wo sie das Wasser und die Nährsalze des Baumes aufsaugen. Erst im Herbst, wenn die Bäume ihre Blätter verlieren, kann man die Misteln richtig sehen. Im Dezember haben sie fleischige, gelblich-grüne Blätter, an denen mehrere kleine, weiße Beeren hängen. Weil die Mistel auch im Winter so gut gedeiht, gilt sie seit langer Zeit als Symbol für Unsterblichkeit.

Weihnachten (25. Dezember)

Weihnachten, offiziell „Hochfest der Geburt des Herrn" genannt, ist ein großes, ein frohes Fest. Wir erinnern uns daran, was vor etwa 2000 Jahren in Betlehem geschehen ist: Jesus wurde geboren.

Wir wissen aus der Bibel, was damals geschah: Maria und Josef waren auf dem Weg nach Betlehem. Als sie dort ankamen, war für sie in der Herberge kein Platz. Deshalb gingen sie in einen Stall, um dort zu übernachten. Hier bekam Maria ihr Kind.

Es gab kein weiches Bett, in das Maria das kleine Kind legen konnte. In dem Stall stand nur eine Futterkrippe für die Tiere. Maria wickelte das Kind in Windeln und legte es in die Krippe. Es bekam den Namen Jesus, das heißt so viel wie „Retter" oder „Erlöser".

Das deutsche Wort „Weihnachten" oder „Weihnacht" ist schon sehr alt. Es kommt von dem althochdeutschen Wort „Wih" und bedeutet „heilig" oder „geweiht". Das bedeutet: Keine andere Nacht ist so heilig wie die, in der Jesus geboren wurde.

„Heut ist die wunderbare Nacht, da Christus uns geboren", heißt es in einem alten, überlieferten Weihnachtsgedicht. „Nun freut euch alle, singt und lacht, denn niemand ist verloren."

Die Geschenke, die wir unter den Christbaum legen und einander zu Weihnachten geben, drücken aus, wie sehr wir uns über die Geburt Jesu freuen. Wir wollen einander Freude bereiten, weil Gott uns durch die Geburt seines Sohnes den Erlöser geschenkt hat. Jedes Geschenk kann uns an diese schenkende Liebe Gottes erinnern.

Christen feiern das Weihnachtsfest seit dem 4. Jahrhundert. Die orthodoxen Christen feiern Weihnachten nicht am 25. Dezember, sondern am 6. Januar.

Wissenswertes: Betlehem

Betlehem ist eine Stadt, die etwa 9 Kilometer südlich von Jerusalem entfernt liegt. Hier wurde nach den biblischen Berichten David geboren und zum König gesalbt. Hier kam vor über 2000 Jahren Jesus in einer Felsenhöhle zur Welt (Lukas 2,1–20). Im Mittelpunkt Betlehems steht heute die fünfschiffige Geburtskirche, die der Tradition nach über dem Geburtsort Jesu errichtet wurde, sowie der angrenzende Krippenplatz. Die Stadt Betlehem hat heute rund 35 000 Einwohner und ist seit 1996 Teil der autonomen Palästinensergebiete.

Wissenswertes: „Stille Nacht"

„Stille Nacht, heilige Nacht" ist das bekannteste Weihnachtslied. Es steht im Gotteslob Nr. 145 und im Evangelischen Gesangbuch Nr. 46. Den Text schrieb der katholische Pfarrer Georg Mohr (1792–1848); die Melodie komponierte der Lehrer Franz Xaver Gruber (1787–1863). Das Lied wurde zum ersten Mal in der Christmette des Jahres 1818 in der Pfarrkirche zu Oberndorf bei Salzburg vorgetragen. Heute wird es auf der ganzen Welt in den Gottesdiensten der Heiligen Nacht gesungen.

Wissenswertes: Geburtsdatum Jesu

Wurde Jesus am 25. Dezember geboren? In der Bibel,
etwa bei den Evangelisten Matthäus und Lukas, steht nichts
über das Geburtsdatum Jesu. Im 4. Jahrhundert entschieden sich
die Christen für den 25. Dezember. An diesem Tag feierten die Römer
die Sonnenwende, ein Lichtfest. Denn ab diesem Tag werden die Tage
wieder länger. Die Christen haben dieses Datum einfach übernommen, weil
Christus für sie das „Licht der Welt" ist. Da schien der 25. Dezember der richtige Tag, um seine Geburt zu feiern. Bis heute hat sich dieser Termin für die Feier
des Weihnachtsfestes erhalten.

Wissenswertes: Christkind

Wir reden vom Christkind, weil Jesus als kleines
Kind geboren wurde. Und da man ihn außer
Jesus auch noch Christus nennt, sprechen
wir auch vom Christkind. Wir können auch
Jesuskind sagen. Dieses Jesuskind ist
ganz einfach und bescheiden auf die
Welt gekommen. Seine Eltern – Maria
und Josef – fanden in der Herberge
keinen Platz. Deshalb gingen sie zu
einem Stall, um dort zu übernachten. Hier kam Jesus auf die Welt.

Ochs und Esel

Auf Bildern und auch bei den Krippen, die wir zu Hause haben, gehören oft ein Ochse und ein Esel mit zur Krippe. Obwohl davon in den Evangelien nicht die Rede ist, hat sich dieses Bild seit dem Mittelalter eingebürgert. Es gibt eine Stelle in der Bibel, in der sich ein versteckter Hinweis findet. Beim Propheten Jesaja heißt es: „Der Ochse kennt seinen Besitzer und der Esel die Krippe seines Herrn."

Weihnachtssingen

Zu keiner Zeit des Jahres wird so gern und so oft gesungen wie in der Weihnachtszeit. So besteht in manchen Gemeinden der Brauch, in einer kirchenmusikalischen Feierstunde an einem Sonntag der Weihnachtszeit ein Weihnachtssingen zu veranstalten. Alle Chöre der Gemeinde (Kinder-, Jugend- und Kirchenchor – verstärkt durch Bläser und Instrumentalisten – singen noch einmal die schönsten Weihnachtslieder. Auch die Sternsinger können dabei in ihrer Königskleidung auftreten und ihre Lieder singen.

Weihnachtsbaum

An Weihnachten schmücken wir unsere Wohnungen und unsere Kirchen mit einem Christbaum. Dieser Baum hilft uns, das Geheimnis von Weihnachten besser zu verstehen: Die vielen Kerzen lassen uns ahnen, wie hell und warm das Licht ist, das von Jesus ausgeht. Der Brauch, einen Christbaum aufzustellen, kam im Elsass und Schwarzwald um das Jahr 1509 auf.

Erste Weihnachtskrippe

Die erste Krippe mit Maria und Josef, dem Jesuskind, Ochs, Esel, Schafen und Hirten hat der heilige Franziskus zu Weihnachten 1223 aufgestellt. Es war eine lebende Krippe, die aus Bewohnern und Tieren des Dorfes Greccio in der Nähe von Rom bestand. Vor dieser Krippe hielt Franziskus am 24. Dezember 1223 seine Weihnachtspredigt. – In der Krippe wird dargestellt, was sich vor etwa 2000 Jahren in Betlehem ereignet hat: Jesus wurde geboren.

„Urbi et orbi"

„Urbi et orbi" ist ein Segen, den der Papst zweimal im Jahr spendet: an Weihnachten und Ostern. Er segnet damit die Stadt Rom (lat. urbs) und den Erdkreis (lat. orbs), also die ganze Welt.

„Kindl-" oder „Kindleinwiegen"

Im 8. Jahrhundert entstand ein Brauch, der zu den Weihnachtsspielen gehört: das „Kindlwiegen". Man stellte eine hölzerne Krippe auf und umtanzte sie. Später legte man eine kleine Figur aus Holz oder Wachs in die Krippe, das das Jesuskind darstellte.

Schließlich wurde die Krippe durch eine kleine Wiege ersetzt, die auf den Altar gestellt wurde. Die Kirchenbesucher kamen zum Altar, um das Kind zu wiegen. Die Gemeinde sang dazu Wiegenlieder, zum Beispiel „Josef, lieber Josef mein, hilf mir wiegen mein Kindelein ..."

Weihnachtsstollen

Der Weihnachtsstollen soll seinen Ursprung
in der niederländischen Provinz Friesland haben.
Schon zur Römerzeit wurde dort in den Klosterbäcke-
reien eine Art Weihnachtsbrot mit Rosinen und Mandeln
hergestellt, das unserem heutigen Weihnachtsstollen ähnlich war.

Bauernregeln zu Weihnachten

Ist die heilige Christnacht klar,
so hofft auf ein gutes Jahr.

Ist Weihnachten gelind',
sich im Januar viel Kält' einfind't.

Wenn die Christnacht fällt in den wachsenden Mond,
so gibt es ein Jahr, das sich lohnt.

Fest der Unschuldigen Kinder (28. Dezember)

Am 28. Dezember ist das Fest der Unschuldigen Kinder. Dieser Tag erinnert an die Kinder von Betlehem, die König Herodes töten ließ. Das Matthäusevangelium (2,13–23) berichtet davon.

Herodes, der König von Jerusalem, wartete in seinem Palast ungeduldig auf die Rückkehr der drei Sterndeuter. Sie sollten ihm sagen, in welchem Haus in Betlehem der „neugeborene König der Juden" zu finden sei. Aber die Männer kamen nicht wieder zu ihm zurück.

Da wurde König Herodes sehr zornig. Er ließ seine Soldaten kommen und befahl ihnen: „Geht nach Betlehem und tötet alle Jungen in der Stadt und in der Umgebung, die noch nicht zwei Jahre alt sind!"

Die Soldaten taten, was der König befohlen hatte. Aber Jesus fanden sie nicht. Ein Engel war nämlich Josef im Traum erschienen und hatte ihm gesagt: „Steh auf, nimm das Kind und seine Mutter und flieh nach Ägypten. König Herodes sucht das Kind und will es töten. Bleib so lange in Ägypten, bis ich dir sage, dass du wieder zurückkehren kannst."

Sofort floh Josef mit dem Kind und der Mutter Maria nach Ägypten. Hier waren sie sicher vor dem grausamen König. Als Herodes gestorben war, erschien der Engel wieder dem Josef und sprach: „Nimm das Kind und seine Mutter und zieh in das Land Israel! Herodes ist tot."

Da zog Josef mit Jesus und Maria heimwärts in das Land Israel bis in das Gebiet von Galiläa. In der Stadt Nazaret ließ er sich nieder.

Am Fest der Unschuldigen Kinder denken wir an die Kinder, die für Jesus gestorben sind – in der Zeit, als die Christen verfolgt wurden. Wir denken auch an die Kinder, die durch Krankheit oder Krieg früh sterben mussten. Heute werden an diesem Tag in vielen Gemeinden die Kinder und deren Eltern gesegnet.

Das Fest der Unschuldigen Kinder wird seit dem 6. Jahrhundert gefeiert.

Brauchtum

Froher Kindertag

Früher war das Fest der Unschuldigen Kinder ein großer Feiertag der Schulkinder, vor allem aber der Jungen und Mädchen, die in Waisenhäusern oder anderen kirchlichen Einrichtungen für Kinder lebten: An diesem Tag durften sie alles auf den Kopf stellen und die sonst so strengen Erwachsenen mussten ihnen dienen.

In den Klosterschulen wählten die Schüler einen Kinderbischof. Der bestimmte, was an diesem Tag gemacht werden sollte. Er trug den Lehrern vor, was die Schüler an ihnen und an der Schule auszusetzen hatten.

Ähnlich ging es am Fest der Unschuldigen Kinder in den Familien zu. Mit lustigen Sätzen und Sprüchen sagten die Kinder ihren Eltern die Meinung. Sie machten ein Kinderprogramm für diesen Tag.

Fest der Heiligen Familie

(Sonntag nach Weihnachten, sonst 30. Dezember)

Am ersten Sonntag nach Weihnachten feiern wir das
Fest der Heiligen Familie. Papst Leo XIII. (1878–1903) hat
es in der Kirche eingeführt. Er wollte, dass wir uns an der Heiligen
Familie ein Vorbild in der Liebe zueinander nehmen sollen.

Josef, Maria und Jesus wohnten in einem kleinen Haus in der Stadt
Nazaret in Galiläa. Josef arbeitete als Zimmermann in der Werkstatt, Maria im
Haushalt. Jesus half seinem Vater und seiner Mutter. Er tat alles, was seine Eltern
ihm sagten.

Nur einmal machte Jesus seinen Eltern großen Kummer. Da war er nach einem
Fest in Jerusalem plötzlich verschwunden. Seine Eltern suchten ihn drei Tage lang, bis
sie ihn schließlich wiederfanden. Im Lukasevangelium (Lk 2,41–52) steht diese spannende Geschichte beschrieben.

Das Fest der Heiligen Familie will uns daran erinnern, wie wichtig die Familie als Ort
der Liebe und des Vertrauens, der Geborgenheit und der Sicherheit ist.

Hochfest der Gottesmutter Maria (1. Januar)

Acht Tage nach Weihnachten, am 1. Januar, ist das Hochfest der Gottesmutter Maria. Wir feiern an diesem Tag die Frau, die zum Willen Gottes Ja gesagt und Jesus, den Sohn Gottes, geboren hat. Das Fest entstand im 7. Jahrhundert in Rom. Maria heißt auf Deutsch „die von Gott Geliebte". Sie wurde von Gott ausgewählt, die menschliche Mutter von Jesus zu werden. Sie hat in Betlehem den Messias, den Erlöser der Welt, geboren. Dadurch wurde sie zur Mutter aller Menschen. Und dafür danken wir ihr an ihrem Festtag am 1. Januar.

Wie mag Maria gestaunt haben, als bald nach der Geburt ihres Sohnes die Hirten plötzlich in den Stall kamen, um das neugeborene Kind zu sehen und anzubeten! Maria hatte es in Windeln gewickelt und in eine Futterkrippe gelegt, aus der sonst nur die Tiere fraßen. Die Hirten erzählten Maria von dem Engel, der mitten in der Nacht zu ihnen aufs Feld gekommen war und ihnen von der Geburt des Jesuskindes berichtet hatte. Maria staunte über die Rede der Hirten. Sie bewahrte alle ihre Worte im Herzen und dachte darüber nach. Nach ihrem Besuch bei der Krippe gingen die Hirten zu ihren Schafherden aufs Feld zurück. Sie sangen Loblieder und dankten Gott für alles, was sie gehört und gesehen hatten (Lk 2,15–20).

Neben dem Fest der Gottesmutter feiern wir am 1. Januar den Weltfriedenstag. Diesen Tag gibt es seit dem Zweiten Vatikanischen Konzil. Wir bitten Gott, er möge allen Menschen helfen, miteinander Frieden zu halten und füreinander da zu sein.

Und noch ein Fest feiern wir am 1. Januar: Neujahr. Um Mitternacht läuten die Glocken, heulen die Sirenen und krachen die Feuerwerkskörper. Wir wünschen uns gegenseitig Glück und Gesundheit zum neuen Jahr. Im Neujahrsgottesdienst (oder schon am Silvesterabend) danken wir für Gottes Hilfe im alten Jahr.

Dreikönigsfest / Erscheinung des Herrn (6. Januar)

Am 6. Januar feiern wir das Dreikönigsfest oder das Fest der Heiligen Drei Könige. Es wird auch „Epiphanias" genannt, was „Erscheinung des Herrn" bedeutet. Wir denken an diesem Tag an die Weisen aus dem Morgenland, die den neugeborenen Jesus gesucht haben.

Die Bibel erzählt uns dazu folgende Geschichte: Weise Männer aus östlichen Ländern sahen eines Tages einen besonderen Stern. Der strahlte ganz hell und zog am Himmel dahin. „Dieser Stern ist ein Königsstern. Er verkündet, dass ein neuer König geboren ist", sagten die Männer.

Die Weisen machten sich auf den Weg, um den neugeborenen König zu suchen. Der Stern zeigte ihnen den Weg nach Betlehem. Über dem Stall blieb er stehen. Dort fanden die Männer das Jesuskind mit Maria und Josef. Sie knieten sich auf den Boden und beteten das Kind an.

Dann gaben die Männer dem Kind in der Krippe ihre Geschenke: Gold, Weihrauch und Myrrhe. Gold war sehr wertvoll und kostbar, Weihrauch und Myrrhe dufteten besonders gut. Solche Geschenke machte man nur einem König. Und Jesus war ein König! (Matthäus 2,1–12)

Später nannte man die weisen Männer Könige und gab ihnen die Namen Caspar, Melchior und Balthasar. An diese Könige erinnern die Sternsinger, die in jedem Jahr um Dreikönig von Haus zu Haus ziehen. Sie singen Lieder und sagen Gedichte auf, die von der Geburt Jesu erzählen.

Mit geweihter Kreide schreiben die Sternsinger über die Haus- und Wohnungstüren die Buchstaben C + M + B (mit der neuen Jahreszahl). Das ist eine Abkürzung für den lateinischen Satz: Christus mansionem benedicat, zu deutsch:

Christus segne dieses Haus! Außerdem bitten die Sternsinger um eine Geldspende für arme Kinder in aller Welt.

Das Dreikönigssingen ist eine vom Päpstlichen Missionswerk der Kinder in Deutschland (PMK) und vom Bund der Deutschen Katholischen Jugend (BDKJ) seit 1959 getragene Aktion.

Brauchtum

Bohnenkönig

In einigen Gegenden gibt es am 6. Januar den Brauch des Bohnenkönigs. Eine Bohne oder eine Mandel wird in einen Kuchen eingebacken. Wer die Bohne in seinem Stück findet, wird König und darf an diesem Tag die Familie „regieren". Er darf bestimmen, wie der Dreikönigstag gestaltet wird.

Bescherung an Dreikönig

In vielen Ländern – zum Beispiel in Spanien – werden die Weihnachtsgeschenke nicht an Weihnachten beschert, sondern am Dreikönigstag. Dies geschieht in Erinnerung an die Gaben, die die Heiligen Drei Könige dem Jesuskind in der Krippe dargebracht haben.

Wissenswertes: Stern von Betlehem

Der Stern von Betlehem führte die Heiligen Drei Könige an die
Krippe (Matthäus 2,9). Lange hat man gerätselt, was das wohl für
eine Erscheinung war. Vielleicht ein großer Komet? Aber der wäre rasch
verglüht. Astronomen und Historiker glauben, die Antwort gefunden zu haben:
Es waren zwei Planeten: Jupiter und Saturn standen bei der Geburt Jesu auf ihrer
Umlaufbahn so eng beieinander, dass sie wie ein einziger, besonders heller Stern
strahlten. Das geschieht nur alle 138 Jahre.

Wissenswertes: Dreikönigsschrein

Im Kölner Dom befindet sich der sogenannte Dreikönigsschrein. Er enthält nach der Überlieferung die Gebeine der in der Bibel erwähnten Sterndeuter, die in Betlehem den neugeborenen Jesus verehrten. Sie befinden sich seit dem 12. Jahrhundert in Köln. Nach der Eroberung Mailands 1164 hatte Kaiser Friedrich Barbarossa seinem Reichskanzler, dem Kölner Erzbischof Reinald von Dassel, die Reliquien überlassen. Um 1181 erhielt der Goldschmiedemeister Nikolaus von Verdun den Auftrag, einen kostbaren Schrein herzustellen. Die für die mittelalterliche Kunst außerordentlich bedeutsame Arbeit dauerte rund 30 Jahre. Nach einer Restaurierung zwischen 1961 und 1973 ist der Schrein, der während des Zweiten Weltkrieges in der Domschatzkammer stand, wieder in seiner ursprünglichen Gestalt aus dem 13. Jahrhundert zu sehen. Er steht hinter dem mittelalterlichen Hochaltar.

Haussegen zu Dreikönig

Erfüll' mit deinen Gaben,
Herr Jesus, dieses Haus!
Tod, Krankheit, Seelenschaden,
Brand, Unglück treib hinaus.

Lass hier den Frieden grünen.
Verbanne Zank und Streit,
dass wir dir fröhlich dienen
jetzt und in Ewigkeit!

Volksgut aus Oberbayern

Taufe des Herrn (Sonntag nach Erscheinung des Herrn)

Das Fest „Taufe des Herrn" erinnert uns an den Tag, an dem Jesus von Johannes im Jordan getauft wurde. Die Bibel erzählt uns, was damals geschehen ist (Lukas 3,15–16. 21–22).

Johannes, der Sohn von Zacharias und Elisabet, zog durch das Gebiet um den Jordanfluss und predigte den Leuten: „Kehrt um und bessert euch! Lasst euch taufen! Gott will, dass ihr zu ihm zurückkehrt."

Da ließen sich viele Menschen von Johannes taufen und versprachen, sich zu bessern und anders zu werden. Von überallher kamen die Menschen zu Johannes an den Jordan.

Viele Leute dachten, dass Johannes der Messias, der Erlöser, sei. Aber Johannes erwiderte ihnen: „Nein, ich bin es nicht. Ich taufe euch nur mit Wasser, doch es kommt einer, der größer ist als ich. Er wird euch mit Heiligem Geist taufen!"

Eines Tages kam auch Jesus zu Johannes und sagte: „Taufe mich!" Johannes sah Jesus an und erwiderte ihm: „Du willst dich von mir taufen lassen? Viel besser wäre es, wenn du mich taufen würdest!"

Da sagte Jesus noch einmal zu Johannes: „Taufe mich! Es gehört sich, dass wir alles so tun, wie Gott es will!" Da gab Johannes nach und taufte Jesus im Wasser des Jordan.

Als Jesus getauft und aus dem Wasser gestiegen war, öffnete sich der Himmel. Jesus sah den Geist Gottes wie eine Taube auf sich herabkommen. Und vom Himmel her sprach eine Stimme: „Das ist mein lieber Sohn, an dem ich große Freude habe!"

Jesus war damals ungefähr dreißig Jahre alt.

Am Festtag der Taufe Jesu denken wir auch daran, dass wir einmal getauft worden sind. Damals hat der Priester im Taufbecken geweihtes Wasser über unseren Kopf gegossen und dabei gesagt: „Ich taufe dich im Namen des Vaters und des Sohnes und des Heiligen Geistes." Seit diesem Tag gehören wir zu Jesus und zur großen Gemeinschaft der Kirche.

Erwachsenentaufe

Dass Jesus als Erwachsener getauft wurde, war zu
seiner Zeit ganz normal. Bei uns in Deutschland werden
heute außer in der Gemeinschaft der Baptisten nur selten Erwachsene getauft. Aber in Frankreich ist das zum Beispiel anders: Dort gibt
es in den letzten Jahren immer mehr erwachsene Täuflinge.

Weihnachtsschmuck

Nach dem Fest der Taufe des Herrn wird in der Regel der
weihnachtliche Schmuck in Kirche und Wohnungen abgeräumt.

Gebet zum Fest „Taufe des Herrn"

Lieber Gott,
am Tag der Taufe deines Sohnes denke ich besonders an meine eigene Taufe.
Seitdem gehöre ich ganz eng zu dir und zur Gemeinschaft der Christen.
Seit meiner Taufe steht mein ganzes Leben unter deinem Schutz und Segen.
Dafür danke ich dir. Amen.

Erste Zeit zwischen den Festkreisen

Darstellung des Herrn / Lichtmess (2. Februar)

Am 2. Februar ist das Fest der Darstellung des Herrn. Wir nennen den Festtag auch „Mariä Lichtmess" oder nur „Lichtmess".

Das Fest erinnert uns an eine Geschichte, die der Evangelist Lukas erzählt (Lk 2,22–40): Jesus war gerade 40 Tage alt. Da brachten ihn seine Eltern in den Tempel von Jerusalem und weihten ihn Gott. Das jüdische Gesetz verlangte es so.

Zu dieser Zeit waren auch zwei sehr alte und fromme Leute im Tempel: Simeon und Hanna. Die beiden erkannten im Kind Jesus ihren Retter und Erlöser. Sie nannten ihn das „Licht, das die Völker erleuchtet". Simeon nahm Jesus in seine Arme und lobte Gott. Er sagte: „Guter Gott, ich danke dir. Jetzt kann ich ruhig sterben, denn nun habe ich das Heil gesehen." Maria und Josef staunten über die Worte, die Simeon über Jesus sagte.

Am Fest der Darstellung des Herrn, dem Lichtmesstag, gibt es den Brauch der Kerzenweihe. An diesem Tag werden im Gottesdienst alle Kerzen geweiht, die das Jahr über in der Kirche oder in der Familie gebraucht werden.

In manchen Kirchen wird an Lichtmess eine Lichterprozession gehalten. Kinder und Erwachsene gehen betend und singend mit brennenden Kerzen durch das Gotteshaus. Eine brennende Kerze bringt Licht in die Dunkelheit. Licht ist ein Zeichen für Jesus Christus.

Gefeiert wurde das Fest „Darstellung des Herrn" seit Anfang des 5. Jahrhunderts in Jerusalem. In Rom wurde es um 650 eingeführt.

Brauchtum

Gut für den Imker

In früheren Jahren ging der Imker an Lichtmess mit der brennenden Kerze zu den Bienenständen. Er wollte den Bienen verkünden, dass der Winter nun zu Ende ist. Lichtmess hatte für den Imker laut einer alten Bauernregel eine besondere Bedeutung: „Lichtmess hell und klar, bringt ein gutes Bienenjahr."

Ende der Weihnachtszeit

In einigen Gemeinden wird erst am Fest „Darstellung des Herrn" die Weihnachtszeit feierlich beendet. Das heißt: Bis zu diesem Tag bleiben in der Kirche die Krippe und der Weihnachtsbaum stehen und werden jetzt abgeräumt.

Mit Laternen unterwegs

Früher gingen an Lichtmess die Kinder mit den gesegneten Kerzen in Laternen durch ihren Ort und sangen dazu Lieder. In Frankreich gab es zum Abschluss des Umzugs für die Kinder leckere Waffeln. Zum Waffelessen trafen sich nicht selten auch Freunde und Nachbarn.

narrenzeit

In den Tagen vor der (ernsten) Fastenzeit feiern wir Karneval, auch Fasching, Fastnacht, Fasnet genannt. In diesen Tagen geht es in vielen Gegenden völlig „verrückt" zu. Viele Kinder und Erwachsene toben sich in dieser Zeit nach Herzenslust aus. Sie nennen sich Jecken oder Narren, lachen und singen, verkleiden sich und machen in manchen Gegenden närrische Umzüge. Ursprünglich könnte Fasching ein vorchristliches Frühlings- und Fruchtbarkeitsfest gewesen sein. Die Christen legten das Fest vor die Fastenzeit. Vor dem langen Fasten wollten die Menschen noch einmal ausgelassen feiern und ausgiebig essen und trinken.

Das macht auch das Wort „Karneval" deutlich. Es kommt vom lateinischen „carne vale" und heißt „Fleisch, lebe wohl" . Die Menschen wollten es sich noch einmal gut gehen lassen.

Der Karneval ist international. Man feiert ihn nicht nur bei uns in Europa, vor allem in katholischen Gegenden, sondern auch in Lateinamerika. In manchen Gegenden beginnt der Karneval am Donnerstag vor Aschermittwoch. Dieser Tag heißt „Weiberfastnacht", denn an diesem Tag feiert besonders die Frauen. Höhepunkt ist der Rosenmontag mit seinen festlichen Umzügen, an denen dann alle teilnehmen.

Brauchtum

In der Nacht zum Aschermittwoch wird mancherorts der Karneval mit der Verbrennung einer Strohpuppe beendet.

Osterfestkreis

Aschermittwoch (46. Tag vor Ostern)

Am Aschermittwoch ist der Karneval zu Ende. In den vergangenen Tagen ging es sehr laut zu: Wir haben uns Masken aufgesetzt und Kostüme angezogen. Wir haben uns als Cowboy oder Rotkäppchen, als Hexe oder Pirat verkleidet. Wir haben uns wohl gefühlt und viel Spaß gehabt. Nun beginnt eine stille und ernste Zeit.

Im Gottesdienst am Aschermittwoch zeichnet uns der Priester ein Aschenkreuz auf die Stirn. Dabei spricht er: „Bedenke, Mensch, dass du Staub bist und wieder zum Staub zurückkehren wirst", oder auch: „Bekehrt euch und glaubt an das Evangelium!"

Die Asche macht uns deutlich, dass alles Leben einmal zu Ende geht. Im Herbst fallen die Blätter von den Bäumen und vergehen. Auch wir Menschen sterben. Das Kreuz aber, das auf unsere Stirn gezeichnet wird, sagt uns, dass der Tod nicht das Letzte ist. Wenn wir sterben, dürfen wir bei Gott weiterleben. Am Aschermittwoch beginnt die sogenannte „Fastenzeit" oder auch „österliche Bußzeit".

Brauchtum

Fast- und Abstinenztag

Der Aschermittwoch ist ein von der Kirche gebotener Fast- und Abstinenztag. Erwachsene essen sich nur einmal satt und verzichten auf Fleisch. Ausgenommen von dieser Regel sind Reisende, alte und kranke Menschen sowie Kinder unter vierzehn Jahren.

Fastenzeit

Die Fastenzeit dauert vierzig Tage und endet am Karsamstag, dem Tag vor Ostern. In dieser Zeit trägt der Priester beim Gottesdienst ein violettes Messgewand.

Die Zahl Vierzig hat in der Heiligen Schrift eine besondere Bedeutung. Es ist die Zahl des Wartens und des Sichvorbereitens, der Buße. Vierzig Tage dauerte die Sintflut. Vierzig Jahre zogen die Israeliten durch die Wüste, bis sie das Gelobte Land erreichten. Vierzig Tage begab sich Mose auf den Berg Sinai, dann offenbarte ihm Gott die Zehn Gebote. Vierzig Tage fastete Jesus in der Wüste. Vierzig Tage hindurch erschien Jesus nach der Auferstehung seinen Jüngern. Vierzig Tage dauerte die Vorbereitungszeit auf Ostern, von Aschermittwoch an gerechnet (mit Ausnahme der Sonntage).

In der Fastenzeit bereiten wir uns auf Ostern, das wichtigste Fest der Christen, vor. Wir überlegen, was wir in diesen Wochen besser machen können: nicht so viel streiten, geduldiger miteinander sein, nicht so laut schreien ... Wir denken darüber nach, was wir Gutes tun können: anderen helfen, mit den Geschwistern teilen, andere Kinder mitspielen lassen ...

Den Sinn der Fastenzeit erschließt uns die erste Fastenpräfation, in der es heißt: „Du mahnst uns in dieser Zeit der Buße zum Gebet und zu Werken der Liebe, du rufst uns zur Feier der Geheimnisse, die in uns die Gnade der Kindschaft erneuern. So führst du uns mit geläutertem Herzen zur österlichen Freude ...“

In der frühen Kirche waren die Wochen vor Ostern eine intensive Vorbereitungszeit für alle Taufbewerber, die in der Osternacht getauft wurden. Gleichzeitig war es die Bußzeit für die Sünder, deren Schuld öffentlich bekannt war. Die Fastenzeit ist bis heute die wichtigste Bußzeit für alle Christen im ganzen Kirchenjahr.

„Früh- oder Spätschicht

Bei der sogenannten „Frühschicht" kommen katholische Jugendliche während der Fastenzeit an einem Wochentag zu einer Messfeier vor Schul- oder Arbeitsbeginn in einer Kirche zusammen. Danach treffen sie sich zu einem gemeinsamen Frühstück. Die „Spätschicht" ist eine Abendmesse der Jugend in der Fastenzeit.

Kreuzweg

In der Fastenzeit beten immer wieder Menschen den „Kreuzweg", eine Bildergeschichte vom Leiden und Sterben Jesu, die in vielen Kirchen an den Wänden angebracht ist. Der Kreuzweg beschreibt in vierzehn Bildern – sie heißen auch „Stationen" – den Weg, den Jesus mit seinem Kreuz gehen musste. Menschen, die ihn beten, gehen von Bild zu Bild, von Station zu Station, und denken daran, was Jesus für uns gelitten hat, wie groß seine Liebe zu den Menschen war und immer noch ist. Sie beten: „Jesus Christus, wir preisen dich, denn durch dein heiliges Kreuz hast du die Welt erlöst." Zuweilen zeigt eine fünfzehnte Station die Auferstehung Jesu aus dem Grab. Die katholische Jugend hält einmal in der Fastenzeit einen sogenannten „Jugendkreuzweg". Er ist gedanklich und sprachlich besonders für junge Menschen gestaltet.

Fastenessen

Während der Fastenzeit wird in
vielen Kirchengemeinden ein Fastenes-
sen angeboten. Oft gibt es nur einen Ein-
topf oder ein schlichtes Reisgericht. Dieses
einfache Essen soll uns, die wir reichlich zu
essen haben, daran erinnern, dass viele Menschen auf der Welt hungern und nicht wissen,
wie sie den nächsten Tag überstehen sollen.

Hungertuch

In der Fastenzeit wird in manchen katholischen Kirchen ein Hunger- oder Fastentuch aufgehängt. Ursprünglich – vor etwa 400 Jahren – wurden damit die wertvollen Bilder im Altarraum verdeckt. Für die Menschen damals war es ein „Fasten mit den Augen". Später hat man auf das Hungertuch Zeichen und Bilder gestickt, die auf die Fastenzeit und auf das Leiden Jesu hinweisen. Seit einigen Jahren begleiten neue Hungertücher, die von dem Bischöflichen Hilfswerk „Misereor" herausgegeben werden, die Menschen durch die vorösterlichen Wochen. Manche Pfarrgemeinden stellen auch eigene Hungertücher her.

Fastenbier – Fastenbrezel

In der Fastenzeit gibt es zwei Bräuche, vor allem in Süddeutschland, die schon sehr alt sind: das Brauen des Fastenbiers und das Backen der Fastenbrezel.

Fastenbier: Mönche haben den Brauch des Fastenbierbrauens im Mittelalter erfunden. Sie wollten das Fastengebot umgehen und brauten deshalb ein besonders starkes Bier.

Fastenbrezel: Die Fastenbrezel wurde im Mittelalter während der Fastenzeit gebacken. Ab Aschermittwoch wurden die Armen, die an eine Klosterpforte anklopften, mit diesem Fastengebäck (Kreis aus Teig mit einem Kreuz als Mittelpunkt) bedacht. Jeder, der eine Fastenbrezel aß, sollte an das Leiden Christi erinnert werden.

Vierter Fastensonntag

Der vierte Fastensonntag heißt in der katholischen Kirche auch „Laetare". Das lateinische Wort bedeutet übersetzt „Freue dich" und weist auf den freudigen Charakter dieses vorösterlichen Sonntags hin. Als Ausdruck der Freude kann der Priester bei der Feier der heiligen Messe anstelle eines violetten ein rosafarbenes Messgewand tragen.

Der vierte Fastensonntag wird gelegentlich auch „Rosensonntag" genannt. Zwischen dem 11. und 19. Jahrhundert wurde an diesem Tag die „Goldene Rose" (von einem Goldschmied extra angefertigt) vom Papst geweiht und an jemanden verliehen, der sich für die Kirche besonders eingesetzt hatte.

Mariä Verkündigung

(25. März)

Am 25. März ist das Fest „Verkündigung des Herrn" (= „Mariä Verkündigung"). Es ist eines der ältesten Feste der Kirche und stammt aus dem 5. Jahrhundert. An diesem Tag wurde ein Engel als Bote Gottes zu Maria geschickt, um der Jungfrau die Geburt eines Kindes anzukündigen. Die Bibel (Lukas 1,26–38) berichtet darüber:

Eines Tages sandte Gott den Engel Gabriel zu Maria nach Nazaret, einer kleinen Stadt in Galiläa. Maria war eine junge Frau, die schon früh verlobt war. Ihr Verlobter hieß Josef. Er war Zimmermann.

Der Engel trat bei Maria ein und begrüßte sie. Er sprach: „Ich grüße dich, Maria. Gott ist mit dir!" Maria erschrak, doch der Engel sagte zu ihr: „Hab keine Angst! Du wirst einen Sohn bekommen. Ihm sollst du den Namen Jesus geben!"

Maria wunderte sich sehr und fragte: „Wie soll denn das geschehen?"

Da antwortete der Engel: „Gottes heiliger Geist wird über dich kommen und dein Kind wird heilig sein. Auch deine Kusine Elisabet erwartet ein Baby. Dabei dachten alle, dass sie keine Kinder bekommen kann. Aber für Gott ist nichts unmöglich!"

Da sagte Maria: „Ja, ich bin zu allem bereit, was Gott möchte. Es soll so geschehen, wie du gesagt hast." Dann verließ sie der Engel.

Das Hochfest der „Verkündigung des Herrn" wird auf den Tag genau neun Monate vor dem Geburtstag Jesu am 25. Dezember gefeiert. So lange, wie jede Frau schwanger geht, ist auch Maria mit Jesus schwanger gegangen. Das Fest ist in erster Linie ein Herrenfest und in zweiter Hinsicht ein Marienfest.

Wissenswertes: Neue Zeitrechnung

Mit dem Augenblick, als der Engel Gabriel der Jungfrau Maria die Geburt Jesu ankündigte, begann eine neue Zeit, eine neue Zeitrechnung. In manchen Gegenden galt darum jahrhundertelang nicht der 1. Januar, sondern der 25. März als Tag des Jahresbeginns.

Palmsonntag (Sonntag vor Ostern)

Der Palmsonntag ist der Sonntag vor Ostern. Wir erinnern uns an diesem Tag an den Einzug Jesu in Jerusalem. Die Bibel erzählt von diesem Ereignis:

Viele Menschen aus nah und fern waren unterwegs nach Jerusalem. Dort wollten sie das große Paschafest feiern. Unter diesen Menschen war auch Jesus mit seinen Jüngern. Er ritt auf einem jungen Esel in die Stadt ein. Die Menschen erkannten Jesus und drängten sich um ihn. Sie wussten, dass er viele Wunder gewirkt und Kranke geheilt hatte. Die Leute jubelten ihm zu. Viele legten ihre Kleider auf die Straße, holten Palmzweige von den Bäumen und winkten ihm damit zu. Sie riefen: „Hosanna dem Sohn Davids!" So zog Jesus wie ein König in Jerusalem ein. (Nach Matthäus 21,1–11)

Am Palmsonntag ehren wir Jesus wie die Menschen in Jerusalem. Wir nehmen Buchsbaum- oder Weidenzweige mit in die Kirche. Wenn die Zweige geweiht sind, ziehen wir in einer Prozession durch oder um die Kirche. Der Priester trägt einen roten Mantel – wie ein König. Nach dem Gottesdienst nehmen wir die geweihten Zweige mit nach Hause. Wir stecken sie hinter das Kreuz, stellen sie in eine

Vase oder heften sie an eine Tür. Damit zeigen wir: Gott ist mit seinem Segen immer und überall für uns da.

Mit dem Palmsonntag beginnt die „Heilige Woche" oder Karwoche. Das Wort „Kar" ist althochdeutsch und bedeutet Sorge oder Kummer. Es ist die Woche, in der wir an das Leiden und Sterben von Jesus erinnert werden.

Brauchtum

Palmbuschen

Zum Palmsonntag gehört vielerorts der Palmbuschen. Die Zweige sind häufig zu Büschen gebunden und mit bunten Bändern schön geschmückt. In Westfalen gab es früher einen hübschen Brauch für Kinder. Die Palmbuschen wurden mit Süßigkeiten und Früchten geschmückt. Nach dem Gottesdienst wurden sie im Haus versteckt. Die Kinder mussten sie suchen. Wer sie fand, rief: „Palmsonntag! Palmsonntag!" und durfte als Erster mit dem Plündern beginnen.

Gründonnerstag

(Donnerstag vor Ostern)

Gründonnerstag ist der erste traurige Tag in der Karwoche. Der Tag hat seinen Namen von dem alten Wort „gronan", das heißt übersetzt „weinen". An diesem Tag hat Jesus mit seinen Jüngern das letzte Abendmahl gehalten. Mit diesem Mahl verabschiedete er sich von ihnen.

Es war am Abend des Paschafestes, als Jesus mit seinen Jüngern zusammensaß. Dabei gab er ihnen Brot zu essen und Wein zu trinken und sagte: „Das ist mein Leib. Das ist mein Blut. Das bin ich selbst." Und Jesus bat die Jünger, dieses Mahl immer wieder zu feiern. Die Jünger haben es getan.

In jeder heiligen Messe tun wir, was Jesus mit seinen Jüngern getan hat: Wir feiern das heilige Mahl. Wir essen vom heiligen Brot. Wir denken daran, dass Jesus ganz nah bei uns ist – wie damals bei den Jüngern im Saal von Jerusalem.

Nach dem letzten Abendmahl tat Jesus etwas Besonderes: Er stand vom Tisch auf und band sich eine Schürze (ein Leinentuch) um. Dann goss er Wasser in eine Schüssel und nahm einen Krug in die Hand. Darauf ging er von einem zum anderen und begann, jedem seiner Jünger die Füße zu waschen. Mit der Schürze trocknete er sie ab. (nach Johannes 13,1–17)

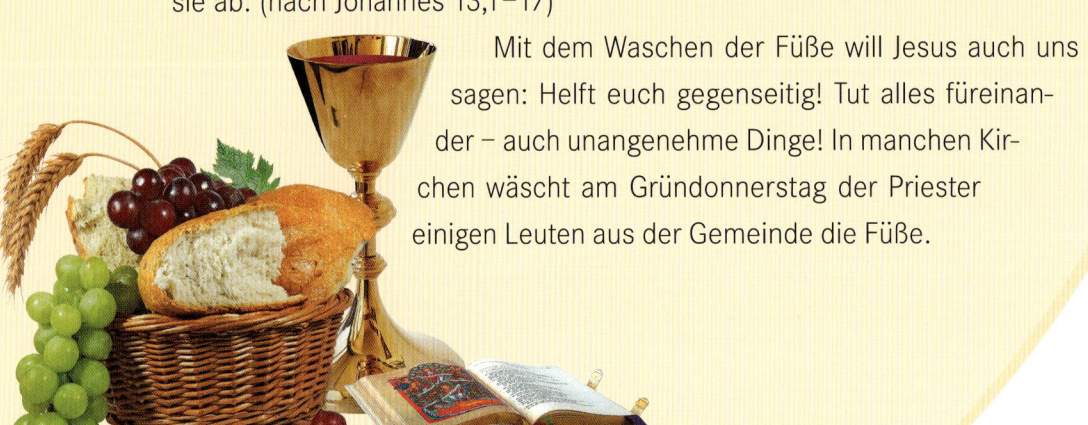

Mit dem Waschen der Füße will Jesus auch uns sagen: Helft euch gegenseitig! Tut alles füreinander – auch unangenehme Dinge! In manchen Kirchen wäscht am Gründonnerstag der Priester einigen Leuten aus der Gemeinde die Füße.

Brauchtum

Weihe der heiligen Öle

In der Bischofskirche werden am Gründonnerstagmorgen die heiligen Öle (Tauföl, Krankenöl, Chrisam) geweiht. Die Ölweihe nimmt der Bischof selber vor. Von dort wird das heilige Öl am gleichen Tag in die Dekanate und Pfarreien gebracht.

Noch einmal Freudenklänge

In der Gründonnerstagsmesse ertönen beim Gloriagesang die Glocken und Glöckchen, und auch die Orgel spielt. Danach verstummen in der Kirche die Freudenklänge bis zum festlichen Gottesdienst in der Osternacht.

Grüne Mahlzeiten

In vielen Familien ist es bis heute Brauch, am Gründonnerstag etwas Grünes zu essen, zum Beispiel Spinat, Bohnen oder grüne Heilkräuter.

Karfreitag (Freitag vor Ostern)

Der Freitag vor Ostern heißt Karfreitag. Es ist ein stiller und ernster Tag. Die Arbeit ruht, und die Geschäfte sind geschlossen. Nirgendwo werden Feste gefeiert. Wir denken daran, dass Jesus am Karfreitag ans Kreuz genagelt wurde und gestorben ist.

Die Bibel berichtet, dass Jesus nicht nur Freunde, sondern auch Feinde hatte. Es gab viele Menschen, die Jesus nicht mochten. Sie sagten: „Er tut so, als ob er selbst Gott wäre. Das dürfen wir nicht zulassen." Und deshalb nahmen sie ihn gefangen und verurteilten ihn zum Tode.

Auf dem Hügel Golgota wurde Jesus ans Kreuz genagelt. Er starb unter großen Schmerzen. Seinen Feinden hat er noch am Kreuz vergeben. Jesus betete: „Vater, vergib ihnen; denn sie wissen nicht, was sie tun." Am Abend nahm ein Jünger von Jesus den Leichnam vom Kreuz ab und legte ihn in ein Grab.

Am Karfreitag versammeln wir uns am Nachmittag um 15 Uhr in der Kirche. Das ist die Stunde des Todes von Jesus. Während des Gottesdienstes ist die Orgel stumm. Auf dem Altar stehen keine Blumen und keine Kerzen. Die Geschichte vom Leiden und Sterben Jesu wird vorgelesen.

Während des Gottesdienstes enthüllt der Priester ein großes Kreuz, zeigt es uns und singt: „Seht das Kreuz, an dem der Herr gehangen!" Wir beugen die Knie und antworten: „Kommt, lasset uns anbeten!" Wir verehren Jesus. Wir danken ihm, dass er für uns am Kreuz gestorben ist.

Zu Hause dürfen wir schon ein wenig vorausdenken: an die Auferstehung Jesu an Ostern. Wir bemalen die Ostereier, backen ein Osterlamm und basteln dazu eine Fahne. Die Bibel nennt Jesus das „Lamm Gottes", das gestorben ist und den Tod besiegt hat.

Ratschen statt Glocken

Am Karfreitag schweigen die Glocken. Daraus hat sich in einigen Gegenden ein besonderer Brauch entwickelt: Die Gläubigen werden mithilfe von hölzernen Ratschen zum Karfreitagsgottesdienst, zur „Feier vom Leiden und Sterben Christi", gerufen. Diesen Dienst übernehmen meistens die Ministranten der Gemeinde.

Fast- und Abstinenztag

Der Karfreitag ist ein gebotener Fast- und Abstinenztag. An diesem Tag sollen die Erwachsenen im Gedenken an das Leiden Jesu nur eine Mahlzeit zu sich nehmen und auf Fleischspeisen verzichten.

Karsamstag (Samstag vor Ostern)

Der Karsamstag (nicht Ostersamstag) ist der Tag vor dem Osterfest. Er erinnert an die Grabesruhe Jesu nach seinem Tod am Kreuz. Der Karsamstag ist ein stiller Tag, an dem kein Gemeindegottesdienst gefeiert wird. In vielen Kirchen gibt es allerdings eine ewige Anbetung vor dem Grab Jesu. Mancherorts treffen sich auch morgens Gruppen zum gemeinsamen Gebet des Kreuzweges.

Ostern

(Sonntag nach dem ersten Frühlingsvollmond)

Ostern ist das wichtigste und älteste Fest der Christen. Es ist das höchste Fest im Kirchenjahr. Wir feiern die Auferstehung Jesu vom Tod. Wir freuen uns darüber, dass Jesus lebt und jetzt bei Gott im Himmel wohnt.

Die Bibel erzählt, was damals an Ostern geschehen ist: Am frühen Morgen gingen zwei Fragen zum Grab von Jesus und wollten ihn besuchen. Doch das Grab war leer. Ein Engel, der am Grab saß, sagte den Frauen: „Ihr sucht Jesus von Nazaret, den sie gekreuzigt haben. Er ist nicht hier. Er ist auferstanden. Seht dort die Stelle, wo man ihn hingelegt hatte!" (nach Markus 16,1–8)

In der Osternacht versammeln wir uns zum Gottesdienst. Wir feiern die Auferstehung Jesu vom Tod. Vor der Kirche brennt ein Osterfeuer. An diesem

Feuer entzündet der Priester die große Osterkerze, die er in die dunkle Kirche trägt. Nun zünden alle ihre Kerzen am Licht der Osterkerze an. Die Osterkerze ist ein Zeichen für den auferstandenen Jesus. Von der Auferstehungsfeier in der Kirche nehmen wir das Osterlicht mit nach Hause. Jesus soll auch in der Familie unser Licht sein.

Beim Gottesdienst am Ostersonntag geht es besonders feierlich zu. Die Kirche ist herrlich geschmückt, die Orgel spielt festliche Musik, die Osterkerze brennt beim Altar. Wir hören die Botschaft von Ostern und singen Lieder von der Auferstehung. Wir danken Gott, dass er Jesus von den Toten auferweckt hat.

Beim Ostergottesdienst weiht der Priester auch die Speisen, die wir mitgebracht haben: Eier, Salz, Speck oder Schinken, Wurst, Butter, Meerrettich und Brot. Froh gestimmt halten wir damit zu Hause ein feierliches Osterfrühstück. Von den Eiern wurden früher die Schalen aufbewahrt und später in den Garten oder auf die Felder gestreut, damit alles gut wachsen sollte.

Brauchtum

Osterkerze

Die Osterkerze als Zeichen der Auferstehung Jesu steht von Ostern bis Pfingsten im Chorraum der Kirche in einem hohen Leuchter. Die auf ihr abgebildeten fünf roten Wachsnägel stehen für die fünf Wunden Jesu. Die Buchstaben A und O (erster und letzter Buchstabe des griechischen Alphabets) sagen: Jesus ist der Anfang und das Ende von allem, der Erste und der Letzte, der Ewige. Auf manchen Osterkerzen sehen wir auch ein Bild des auferstandenen Jesus. – Bei einer Tauffeier wird die Taufkerze immer an der Osterkerze entzündet und dem Täufling mit den Worten übergeben: „Empfange das Licht Christi!"

Osterei

Schon früh wurde von den Christen das Ei – das Symbol des Lebens
und der Fruchtbarkeit – als Zeichen der
Auferstehung Jesu gesehen. So wie sich das
kleine Küken mit seinem zarten Schnäbelchen
aus der harten Schale des Eis befreit, so ist
auch Jesus aus dem Grab befreit und von Gott zu
neuem Leben geführt worden. Schon seit vielen
hundert Jahren werden die Eier als Symbol der
Auferstehung zu Ostern gefärbt, zunächst
aber nur in roter Farbe. Das sollte wohl
an das Blut Jesu erinnern und an
seine Liebe zu den Menschen.

Osterlachen

Früher gab es in vielen Gemeinden einen schönen Brauch: das Osterlachen. Der Priester erzählte in der Osterpredigt den Leuten lustige Geschichten, über die alle lachen mussten. Damit wollte er seinen Zuhörern zeigen, dass Ostern ein Fest der Freude ist und dass wir allen Grund haben, uns an den Feiertagen zu freuen. Fast überall wünschen sich die Menschen an den Festtagen: Frohe Ostern!

Osterwasser

In der Osternacht wird vom Priester das Osterwasser geweiht, das uns zeigen soll: Jesus ist das lebendige Wasser für uns. Viele Menschen nehmen vom geweihten Wasser mit nach Hause. Sie bewahren es in einer kleinen Schale auf und segnen damit ihre Wohnung, ihre Kranken und alle, die für längere Zeit das Haus verlassen. Damit beten sie um Heilung und Schutz.

Gebet zu Ostern

Lieber Gott, in diesen Tagen feiern wir Ostern.
Jesus war tot und ist wieder von den Toten auferstanden.
Ich freue mich darüber, dass Jesus lebt
und nie mehr sterben wird.
Ich bitte dich, guter Gott:
Lass Jesus immer bei mir sein!
Ich will sein Freund sein. Amen.

Weißer Sonntag (Sonntag nach Ostern)

Der Weiße Sonntag ist der erste Sonntag nach Ostern. Die Kirche feiert an diesem Tag den Abschluss der Osterwoche. Der Weiße Sonntag hat seinen Namen aus einem ganz einfachen Grund: In der frühen Kirche wurde man in der Regel nicht als Kind getauft, sondern als Erwachsener. Man musste sich lange auf die Taufe vorbereiten, die dann am Osterfest stattfand. Die Täuflinge trugen eine Woche lang weiße Kleider – bis zum Sonntag nach Ostern, der wegen der weißen Taufkleider „Weißer Sonntag" heißt.

In vielen Gemeinden wird am Weißen Sonntag das Fest der ersten heiligen Kommunion gefeiert. An diesem Tag nehmen die Erstkommunionkinder zum ersten Mal in der Eucharistiefeier mit den erwachsenen Christen am heiligen Mahl teil. Mit der ersten heiligen Kommunion werden sie nun voll in die katholische Gemeinde aufgenommen und nehmen ab jetzt teil an der Gemeinschaft der Christen untereinander und mit Christus.

Erstmals als Termin für die Erstkommunion wurde der Weiße Sonntag im Jahr 1673 im schweizerischen Luzern erwähnt. Ab der Mitte des 19. Jahrhunderts gab es bischöfliche Anweisungen, die Erstkommunion an diesem Tag zu feiern – als Fest der Erneuerung der Taufe und des bewussten Sicheingliederns in die christliche Gemeinde.

Brauchtum

Kommunionkerze

Die Kerze des Erstkommunionkindes ist ein Zeichen des Lichtes, das durch Jesus Christus in die Herzen der Jungen und Mädchen kommen will. Sie kann mit kleinen Myrtenzweigen und weißen Schleifen geschmückt werden. In den folgenden Jahren sollte sie immer wieder in Erinnerung an den Festtag der Erstkommunion angezündet werden, zum Beispiel zu Ostern, am Namenstag und Geburtstag oder zur Firmung.

Gebet zum Weißen Sonntag

Jesus, ich danke dir, dass du im heiligen Brot zu mir kommst. Ich danke dir, dass ich zu dir kommen darf – mit meiner Freude und meiner Sorge, mit meinem Glauben und meinem Zweifel, mit meinen Plänen und meiner Ratlosigkeit.

Ich danke dir, dass ich dir alles sagen kann. Herr, du erhörst mich, anders manchmal, als ich will – aber immer so, dass es mir zum Besten ist. Amen.

Christi Himmelfahrt

(40. Tag nach Ostern)

Vierzig Tage nach Ostern feiern wir das Fest Christi Himmelfahrt. Die österliche Zeit, in der Jesus sich seinen Jüngern und den Frauen häufig zeigte, ist nun zu Ende. Jetzt kehrt Jesus zu seinem Vater zurück. Sein Werk auf Erden ist vollbracht und wird von seinen Jüngern fortgeführt.

In der Bibel (Lukas 24,50–52) lesen wir: „Dann führte er (Jesus) sie (die Jünger) hinaus in die Nähe von Betanien. Dort erhob er seine Hände und segnete sie. Und während er sie segnete, verließ er sie und wurde zum Himmel emporgehoben; sie aber fielen vor ihm nieder."

Die Himmelfahrt Jesu darf man sich natürlich nicht so vorstellen, als ob Jesus einen Aufzug genommen hätte oder eine sehr lange Leiter hochgestiegen wäre, um zu seinem Vater zu kommen. Wir wissen schließlich nicht, wo der Himmel ist. Wenn wir sagen, dass Jesus in den Himmel aufgefahren ist, drücken wir damit aus, dass er bei Gott, seinem Vater, ist und von dort für uns sorgt.

Wenn wir von Himmel, Gott und Jesus reden, dann müssen wir in Bildern und Vergleichen sprechen. Jeder Mensch tut das auf seine Weise. Der heilige Augustinus hat einmal geschrieben: „Der Himmel, das ist das Herz der Gläubigen." Himmel, so könnte man sagen, ist überall dort, wo Menschen Jesus in ihren Herzen wohnen lassen.

Am Ende der Zeit, wenn alle Menschen (Lebende und Tote, Gute und Böse) gerichtet werden, werden wir dann Jesus mit eigenen Augen sehen. Schon die ersten Christen glaubten daran: „Wir werden ihn sehen, so wie er ist, und wir werden ihm ähnlich sein." Ob dies nicht jetzt schon ein Grund zur Freude ist?

Nach der Himmelfahrt Jesu erzählten die Jünger allen Menschen in der Welt von Jesus. Sie sagten ihnen, was Jesus gesagt und getan hatte. Sie berichteten ihnen, dass er von den

Toten auferstanden ist, jetzt beim Vater im Himmel wohnt und eines Tages wiederkommen wird.

Was Jesus gesagt und getan hat, ist so gut, dass alle Menschen es wissen sollten. Es wäre viel schöner in der Welt, wenn alle so lebten, wie Jesus es möchte. Dann gäbe es keinen Hass und keinen Diebstahl, keinen Mord und keinen Krieg mehr.

Auch wir sollen anderen von Jesus erzählen. Wir sollen ihnen sagen, was er gesagt und getan hat. Vor allem sollen wir weitererzählen, wie gut Jesus gewesen ist und dass er uns alle glücklich machen will.

In den ersten Jahrhunderten beging die Kirche noch kein eigenes Fest der Himmelfahrt Christi. Etwa seit dem 4. Jahrhundert gibt es dieses Fest. Der 40. Tag nach Ostern wurde gewählt, weil es in der Apostelgeschichte (1,3) heißt: „Vierzig Tage hindurch ist er ihnen erschienen."

Aus der Bibel: Das Himmelreich

Jesus erzählt über das Himmelreich am liebsten in Bildern (z. B. Matthäus 13,31–32), denn der Himmel ist ein Symbol, ein Bild für die Wohnung Gottes. Der Himmel – und damit Gott – ist mitten unter den Menschen. Gott ist uns überall nahe. Er ist besonders dort, wo Menschen einander Liebe und Freude, Verständnis und Verzeihen entgegenbringen. Gott wohnt im Herzen der Menschen. Wir können es auch so sagen: Dort, wo Menschen zueinander gut sind, da ist der Himmel.

Brauchtum

Prozessionen

In einigen Gegenden gibt es am Fest Christi Himmelfahrt festliche Prozessionen. Die Gläubigen ziehen betend und singend durch Wiesen und Felder. Sie bitten Gott um seinen Segen für Arbeit und tägliches Brot, um Sicherheit auf der Straße und Frieden in der Gemeinde.

Vatertag

An Christi Himmelfahrt machen viele Menschen, vor allem Männer, einen Ausflug ins Grüne. Deshalb wird der Himmelfahrtstag auch „Vatertag" genannt. Dieser Name erinnert aber auch daran, dass Jesus Gott seinen Vater nennt. Auch wir tun dies, wenn wir zum Beispiel das Vaterunser beten.

Bitttage

Bitttage sind die drei Tage vor dem Fest Christi Himmelfahrt. In manchen Kirchengemeinden ziehen die Gläubigen an diesen Tagen mit Prozessionen durch Felder und Wiesen und erbitten von Gott ein gutes Gedeihen und Wachsen der Ernte. Man nennt die Prozessionen auch „Öschprozessionen".

Pfingsten (50. Tag nach Ostern)

Nach seiner Rückkehr zum Vater hat Jesus seine Jünger nicht allein gelassen. An Pfingsten, fünfzig Tage nach dem jüdischen Paschafest, schickte er ihnen den Heiligen Geist. Durch die Kraft dieses Geistes bekamen die Jünger Mut, sich ganz offen zu Jesus zu bekennen und in den Städten und Dörfern seine Botschaft zu verkünden.

Die Apostelgeschichte (2,1–13) erzählt, wie es beim ersten Pfingstfest war: Die Jünger saßen mit Maria, der Mutter Jesu, in einem Saal in Jerusalem zusammen, um zu beten und Gott zu danken. Da kam plötzlich der Heilige Geist wie ein Feuer vom Himmel herab. Sie begannen, in verschiedenen Sprachen zu rufen: „Jesus lebt! Jesus hat uns lieb! Jesus ist unser Freund!"

Dieses erste Pfingstfest ist der Geburtstag der Kirche. Gottes Heiliger Geist ist so etwas wie eine innere Kraft, die Menschen zum Guten bewegt und ihnen Mut macht, wie Jesus ihren Weg in der Welt zu gehen und anderen die gute Nachricht von Gott zu bringen.

Der Geist Gottes, der Heilige Geist, wirkt auch heute noch in seiner Kirche. Seine Gaben sind vielfältig. Deshalb sprechen wir auch von den sieben Gaben des Heiligen Geistes (vgl. Jesaja 11,2). Auch wir können Jesus um seinen Geist bitten, der uns die Kraft geben wird, für ihn und für Gott Zeugnis abzulegen: im Alltag, in der Familie, unter Freunden.

Als eigenständiges Fest wird Pfingsten seit dem 3./4. Jahrhundert gefeiert. Nach der Liturgiereform des Zweiten Vatikanischen Konzils bildet das Fest den feierlichen Abschluss der Osterzeit und des ganzen österlichen Festkreises. Nach der letzten heiligen Messe am Pfingstmontag wird die Osterkerze gelöscht. Ab jetzt steht sie am Taufbrunnen. Am Pfingstfest trägt der Priester beim Gottesdienst ein rotes Messgewand. Rot ist in der Kirche die Farbe des Heiligen Geistes. Wir bitten in der Messfeier um den Geist Gottes und beten: „Komm, o Geist der Heiligkeit, aus des Himmels Herrlichkeit."

Wissenswertes: Heiliger Geist

Nach der christlichen Lehre ist der Heilige Geist neben dem Vater und dem Sohn die dritte Person des dreifaltigen Gottes. Nach der Taufe, die Jesus von Johannes dem Täufer im Jordan empfangen hat, kommt der Heilige Geist als Taube auf Jesus herab (Matthäus 3,16). In der christlichen Kunst wird der Heilige Geist meist in Gestalt einer Taube dargestellt.

Brauchtum

Ringstechen

Ringstechen ist ein altes Reiterspiel der Kinder zu Pfingsten. Für dieses Wettspiel befestigen sie einen Ring zum Beispiel an einem Baumast. Auf ein Signal hin versuchen die einzelnen Spieler, ihren Stab beim Laufen durch den Ring zu werfen. Wer die meisten Treffer hat, wird der Pfingstkönig!

Pfingstbuschen

Einige Eltern überraschen ihre Kinder zu Pfingsten mit einem hübschen Pfingstbuschen. Sie nehmen einen frischen Birkenzweig (oder auch mehrere), ein weißes Geschenkband und binden etliche gebackene Teigtauben daran. Ein paar bunte Schleifen zieren den Buschen zusätzlich.

Ausflüge und Spiele

Pfingsten ist ein Fest der Freude. Viele Menschen zieht es hinaus ins Freie. Sie machen zusammen Ausflüge, Prozessionen und Pfingstspiele. An manchen Orten trifft man sich mit Verwandten und Freunden zu einem Pfingstfeuer.

Pfingstgebet

Komm zu uns, Heiliger Geist, und entzünde in uns dein Feuer,
damit wir andere Menschen anstecken können!
Komm zu uns, Heiliger Geist, und schenk uns dein Licht,
damit wir anderen Menschen den Weg zeigen können!

Pfingstruf

Sende, Vater, deinen Geist, vom Himmel zu uns her!
Um den Geist der Liebe, Vater, bitten wir dich sehr!

Zweite Zeit zwischen den Festkreisen

Dreifaltigkeitsfest (Sonntag nach Pfingsten)

Am Sonntag nach Pfingsten wird der Dreifaltigkeitssonntag gefeiert. Die evangelischen Christen feiern diesen Tag unter dem Namen „Trinitatis".

„Dreifaltigkeit" bedeutet, dass Gott sich in der Gestalt von drei Personen: als Vater, Sohn und Heiliger Geist zeigt. Aber diese drei Personen sind ein Gott, dem wir begegnen und den wir im Gebet ehren. Auf diesen Gott sind wir getauft: Im Namen des Vaters und des Sohnes und des Heiligen Geistes.

Wir können es auch so sagen: Gott ist wie eine Familie: Vater, Mutter, Kind – das sind drei Personen und doch bilden sie eine Einheit. Sie sind eins in der Liebe zueinander. Sie tragen einen gemeinsamen Familiennamen, haben aber verschiedene Vornamen.

Die Dreifaltigkeit Gottes bekennen wir jedesmal, wenn wir das Kreuzzeichen machen und dabei beten: „Im Namen des Vaters und des Sohnes und des Heiligen Geistes." Oder wenn wir beim „Kleinen Lobpreis" sagen: „Ehre sei dem Vater und dem Sohn und dem Heiligen Geist."

Erste liturgische Feiern der Dreifaltigkeit sind im 9. Jahrhundert in Klöstern der Benediktiner zu finden. Im Jahr 1334 hat die römische Kirche das Dreifaltigkeitsfest allgemein eingeführt und auf den Sonntag nach Pfingsten gelegt. In katholischen Gegenden wird der Dreifaltigkeitssonntag häufig mit Prozessionen gefeiert, die durch die Straßen ziehen. Der Priester trägt am Festtag ein weißes Messgewand.

Wissenswertes: Gnadenstuhl

Der Gnadenstuhl ist eine seit der Gotik (12.–15. Jahrhundert) bekannte Darstellung der Dreifaltigkeit, bei der Gott den gekreuzigten Sohn in seinen Händen hält. Der Heilige Geist schwebt in Form einer Taube über den beiden.

Wissenswertes: Symbol der Dreifaltigkeit

Als Symbol der Dreifaltigkeit dient häufig das Dreieck, das sich in einem Kreis befindet. Es besagt: Der eine Gott ist ein Gott in drei Personen.

Diese drei Personen sind ganz eins in der Liebe. Gott ist die Liebe. Das ist das Größte, das wir von Gott sagen können.

Fronleichnam

(2. Donnerstag nach Pfingsten)

Am 2. Donnerstag nach Pfingsten (Donnerstag nach Dreifaltigkeit) ist das Fronleichnamfest. Dieses Fest gibt es seit dem Jahr 1264. Papst Urban IV. hat es in der Kirche eingeführt. Fronleichnam ist ein schwieriges Wort. Fron bedeutet „Herr" und Leichnam einfach „Leib". Fronleichnam ist also das Fest vom Leib des Herrn, vom Leib Jesu. Wir können auch sagen: das Fest vom heiligen Brot.

Wir ziehen an diesem Tag in einer feierlichen Prozession durch die Straßen unserer Städte und Dörfer. Der Priester trägt in einer Monstranz den Leib Jesu, das heilige Brot. Ihm folgen Kinder und Erwachsene in einem langen Zug. Die Häuser sind mit Blumen und roten Tüchern, Bildern und Fahnen geschmückt. An den Straßen stehen manchmal Birkenbäume mit kleinen Fähnchen. Blumenteppiche zieren die Altäre, an denen die Prozession Halt macht.

Viele Menschen sind an diesem Tag auf den Beinen. Singend und betend folgen sie dem Priester durch die Straßen: Ministranten, Blumen streuende Kinder, Erstkommunikanten, Musikkapelle, Kirchenchor und zahlreiche Vereine aus der Gemeinde. Vor jedem Altar hält der Priester an und betet. Er zeigt uns in der Monstranz das heilige Brot und segnet uns. Wir beten Jesus im heiligen Brot an. Wir danken ihm, dass er uns darin nahe ist. Wir bitten ihn, immer mit uns zu gehen.

Nach der Prozession bringt der Priester das heilige Brot in die Kirche zurück. Er bewahrt es im Tabernakel auf. Wenn wir am Tabernakel vorbeigehen, machen wir eine Kniebeuge. Wir grüßen Jesus im heiligen Brot.

Jesus hat einmal gesagt: „Ich bin das lebendige Brot, das vom Himmel herabgekommen ist" (Johannes 6,51). Für dieses Brot dürfen wir dankbar sein. Wir können Jesus in der Gestalt des Brotes anbeten und verehren. Fronleichnam gibt uns Gelegenheit, Jesus zu preisen als Freund und Bruder, der uns einlädt zum Festmahl der Liebe.

Fronleichnam will uns daran erinnern, dass Jesus Mensch geworden ist, um sich uns als „Brot des Lebens" zu schenken. Dieses Geschenk erfüllt unser Leben mit Freude – ganz im Sinne eines Wortes des heiligen Augustinus: „Die Seele nährt sich von dem, woran sie sich freut."

Nicht überall ist das Fronleichnamsfest ein arbeitsfreier Feiertag. In diesem Fall wird das Fest am darauffolgenden Sonntag gefeiert. Der entsprechende Sonntag im Jahreskreis entfällt dann.

Wissenswertes: Gründerin des Festes

Das Fronleichnamsfest geht zurück auf eine Vision der Augustinernonne Juliane von Lüttich im Jahre 1209. Sie habe, so wird berichtet, beim Beten den Mond gesehen, der an einer Stelle verdunkelt gewesen sei. Christus habe ihr erklärt, dass der Mond die Kirche bedeute, der dunkle Fleck das Fehlen eines Festes des Eucharistiesakraments. Papst Urban IV., der damalige Papst, nahm die Vision der heiligen Juliane ernst und setzte daraufhin das Fest Fronleichnam ein.

Wissenswertes: Monstranz

Die Monstranz (vom lateinischen monstrare = zeigen) ist ein liturgisches Zeigegerät. Mit ihr wird Jesus in der Gestalt des heiligen Brotes den Gläubigen gezeigt und von diesen verehrt. Die Monstranz ist meist sehr wertvoll und künstlerisch schön gestaltet. Das ist ein Hinweis darauf, dass das gezeigte Brot in der Mitte der Monstranz wertvoller ist als alles andere auf der Welt.

Gottesdienst im Freien

Der Festgottesdienst am Fronleichnamsfest findet in manchen
Gegenden nicht in der Kirche, sondern auf einem Platz, in einem
Park oder in einem Wohngebiet der Gemeinde statt.

Herz-Jesu-Fest

(3. Freitag nach Pfingsten)

Am dritten Freitag nach Pfingsten feiert die Kirche das „Hochfest des Heiligsten Herzens Jesu". Sie blickt an diesem Tag auf Jesu Zuneigung und Liebe zu den Menschen. Seine Liebe zu den Menschen war so groß, dass er sogar sein Blut für sie am Kreuz vergossen hat.

Zwar wird das Herz Jesu in der Bibel nicht erwähnt, aber bei der Kreuzigungsszene auf Golgota heißt es von den Soldaten, die den Tod der drei Hingerichteten feststellen sollten: „Als sie zu Jesus kamen und sahen, dass er schon tot war, zerschlugen sie ihm die Beine nicht, sondern einer der Soldaten stieß mit einer Lanze in seine Seite, und sogleich floss Blut und Wasser heraus." (Johannes 19,33 f.)

In einem Gebet der Messfeier am Herz-Jesu-Fest heißt es von Jesus und seiner Liebe zu den Menschen: „Am Kreuz erhöht, hat er sich für uns dahingegeben aus unendlicher Liebe und alle an sich gezogen. Aus seiner geöffneten Seite strömen Blut und Wasser, aus seinem durchbohrten Herzen entspringen die Sakramente der Kirche. Das Herz des Erlösers steht offen für alle, damit sie freudig schöpfen aus den Quellen des Heiles."

Weil sich die Liebe Jesu am deutlichsten am Kreuz gezeigt hat, sehen wir auf Bildern häufig ein verwundetes Herz mit der Dornenkrone abgebildet. Dieses Herz Jesu wird seit dem hohen Mittelalter in ganz besonderer Weise verehrt.

Der heilige Johannes Eudes und die heilige Margarete M. Alacoque drängten im 17. Jahrhundert auf ein eigenes Fest zu Ehren des Heiligsten Herzens Jesu. Aber erst im Jahr 1856 wurde ein solches Fest am Freitag nach der Fronleichnamswoche (dritter Freitag nach Pfingsten) für die ganze Kirche eingeführt. Papst Leo XIII. weihte 1899 die Welt dem Heiligsten Herzen Jesu.

In einem Kirchenlied ehren wir das Herz Jesu mit den Worten von Paul Gerhardt: „O Herz des Königs aller Welt, des Herrschers in dem Himmelszelt, dich grüßt mein Herz in Freuden" (Gotteslob 549,1).

Brauchtum

Herz-Jesu-Freitag

In vielen Pfarreien wird am ersten Freitag im Monat, dem sogenannten Herz-Jesu-Freitag, eine heilige Messe zum Heiligsten Herzen Jesu gefeiert. Am Ende der Messfeier wird ein sakramentaler Segen gespendet.

Mariä Heimsuchung (2. Juli)

Das Fest Mariä Heimsuchung, das am 2. Juli gefeiert wird, erinnert uns an den Tag, an dem Maria ihre Kusine Elisabet besucht hat. Der Evangelist Lukas hat uns davon erzählt (Lukas 1,39–56).

Als Maria schwanger war, machte sie sich eines Tages auf den Weg zu Elisabet. Sie wollte ihr erzählen, dass der Engel Gabriel bei ihr war und ihr gesagt hat, dass sie die Mutter von Jesus werden solle. Der Weg, den Maria gehen musste, war weit und beschwerlich. Sicher war Maria sehr erschöpft, als sie nach dem langen Fußmarsch endlich bei Elisabet ankam.

Elisabet, die im sechsten Monat schwanger war, freute sich sehr über den Besuch Marias. Sie begrüßte ihre Kusine und sagte: „Wie gut, dass du zu mir kommst! Als du mich begrüßtest, da hüpfte mein Kind in meinem Bauch. Gott hat dich gesegnet, Maria. Und auch dein Kind wird gesegnet sein!"

Verklärung des Herrn (6. August)

Am 6. August feiert die Kirche das Fest der Verklärung des Herrn. Im Mittelpunkt des Festes steht eine Begebenheit aus dem Leben Jesu, von der die Evangelisten Matthäus, Markus und Lukas erzählen:

Eines Tages nahm Jesus seine Jünger Petrus, Jakobus und Johannes mit auf einen Berg. Vermutlich war es der Berg Tabor. Dort erlebten die Jünger, wie Jesus vor ihren Augen verklärt, also in eine göttliche Gestalt verwandelt wurde und mit Mose und Elija redete. Dazu hörten die beeindruckten Jünger eine Stimme aus der Wolke, die sagte: „Das ist mein geliebter Sohn; auf ihn sollt ihr hören" (Markus 9,7).

Wir wissen nicht, ob das, was die drei Jünger auf dem Berg gesehen und erlebt haben, Wirklichkeit war oder nur ein Traum gewesen ist. Der Bericht, der am Festtag im Gottesdienst vorgelesen wird, zeigt uns: Durch Jesus scheint Gottes Herrlichkeit in diese Welt hinein. Der Priester trägt am Festtag ein weißes Messgewand.

Wissenswertes: Berg Tabor

Vermutlich fand das Geschehen der Verklärung Jesu auf dem Berg Tabor statt. Das ist ein 588 m hoher, kegelförmiger Berg in Galiläa. Im Alten Testament ist von ihm mehrfach die Rede. Er gilt als heiliger Berg und Kultstätte.

Aufnahme Mariens in den Himmel (15. August)

Am 15. August feiern wir das Fest der Aufnahme Mariens in den Himmel. Dies ist das schönste Fest der Mutter von Jesus. Maria, so lehrt die Kirche, wurde von Gott mit Leib und Seele in den Himmel aufgenommen. Die Menschen haben ihr deswegen den schönen Namen „Himmelskönigin" gegeben.

Am Fest der Aufnahme Mariens in den Himmel bringen wir Sträuße aus Blumen und Kräutern mit in den Gottesdienst. Der Priester segnet die Sträuße und spricht über sie ein Gebet. Welche Kräuter zum Kräuterstrauß gehören, ist von Ort zu Ort verschieden. Meistens werden für den Strauß verwandt: Wermut, Kamille, Schafgarbe, Tausendgüldenkraut, Johanniskraut, Pfefferminze, Holunder, Königskerze und die wichtigsten Getreidesorten. Bei der Kräutersegnung danken wir Gott für alle Pflanzen und Blumen, die er uns schenkt und die uns heilen können.

Vom Gottesdienst nehmen wir die geweihten Kräuter mit nach Hause. Sie werden dort an einen besonderen Platz gestellt oder gehängt. Die Aufnahme Mariens in den Himmel wird bei uns seit dem 7. Jahrhundert gefeiert.

Mariä Geburt

(8. September)

Am 8. September feiert die Kirche das Fest Mariä Geburt. Die Bibel erzählt nicht sehr viel von der Gottesmutter. Die Eltern von Maria waren Anna und Joachim. Sie waren bereits sehr alt und lange kinderlos geblieben. Eines Tages erschien ihnen ein Engel, der ihnen die Geburt eines Kindes ankündigte: Maria. Die Mutter Jesu ist eine besondere Heilige. Sie wird in der Kirche von allen Heiligen am meisten verehrt.

Überall auf der Welt gibt es Marienwallfahrtsorte. Menschen in Not pilgern dorthin und bitten Maria um Hilfe. Maria ist die Patronin der gesamten Christenheit.

Das Fest vom Geburtstag Marias wird bereits seit dem 7. Jahrhundert gefeiert. Der Priester trägt am Festtag im Gottesdienst ein weißes Messgewand.

Brauchtum

Wetterregel

Eine alte Wetterregel lautet: „Am Tag Mariä Geburt ziehen Storch und Schwalben furt." Die Zugvögel machen sich um diese Zeit auf den Weg nach Süden.

Kreuzerhöhung

(14. September)

Das Fest Kreuzerhöhung feiert die Kirche am 14. September. Wir verehren Jesus am Kreuz und danken ihm, dass er für uns gestorben ist. Denn durch sein Leiden und Sterben hat er alle Schuld der Menschen auf sich genommen.

Das Datum des Kreuzerhöhungsfestes hat einen geschichtlichen Hintergrund. Am 14. September 320 n. Chr. soll die heilige Helena, die Mutter von Kaiser Konstantin, auf einer Pilgerfahrt nach Jerusalem das Kreuz Jesu gefunden haben. Einen Teil des Kreuzes soll Helena mit nach Konstantinopel genommen haben. Ein anderer Teil sei in Jerusalem verblieben.

Am 13. September 335 n. Chr. wurde die „Kreuzeskirche" in Jerusalem eingeweiht. Am Tage darauf zeigte der Bischof in Jerusalem den Gläubigen das aufgefundene Kreuz zur Verehrung. Es wurde feierlich emporgehoben, das heißt „erhöht".

Das Fest der Kreuzerhöhung vertieft die erlösende Botschaft des Karfreitags. Durch Jesu Tod am Kreuz ist für uns der Weg zum Himmel, zu Gott, offen geworden. In Erinnerung an den gekreuzigten Jesus trägt der Priester am Fest Kreuzerhöhung ein rotes Messgewand.

Wissenswertes: Kreuz

Das Kreuz ist das Zeichen der Christenheit. Es weist auf Jesus Christus hin, der für die Menschen am Kreuz gestorben ist.

Gedächtnis der Schmerzen Mariens (15. September)

Am 15. Dezember feiert die Kirche das Fest der sieben Schmerzen Mariens. Siebenmal, so sagt man, hatte Maria großes Leid: bei der Beschneidung Jesu; bei der Flucht nach Ägypten; an dem Tag, als ihr zwölfjähriger Sohn bei der Wallfahrt nach Jerusalem verloren ging; bei der Begegnung mit Jesus auf dem Kreuzweg; bei Jesu Kreuzigung; bei seiner Kreuzabnahme, als man ihr den Leichnam ihres Sohnes in den Schoß legte, und beim Begräbnis Jesu.

Der Gedenktag an die Schmerzen Mariens wird seit 1721 in der Kirche gefeiert. Damals war das Leben vieler Menschen mit Leid und Not verbunden. Um diese besser ertragen zu können, betrachteten die Christen jener Zeit neben den Leiden Jesu auch die Schmerzen seiner Mutter.

Wissenswertes: Marienkäfer

Woher hat der Marienkäfer seinen Namen? – Nach der Legende symbolisiert er die sieben Schmerzen Mariens durch seine blutrote Farbe und die sieben Punkte auf seinen Flügeln.

Schutzengelfest
(2. Oktober)

Am 2. Oktober feiert die katholische Kirche das Schutzengelfest. Der Gedenktag der Schutzengel entstand im 15. Jahrhundert in Spanien und Frankreich. Im 17. Jahrhundert wurde das Fest in der ganzen katholischen Kirche gefeiert.

Im Tagesgebet am Schutzengelfest heißt es: „Gott, in deiner Vorsehung sorgst du für alles, was du erschaffen hast. Sende uns deine heiligen Engel zu Hilfe, dass sie uns behüten auf allen unseren Wegen, und gib uns in der Gemeinschaft mit ihnen deine ewige Freude!"

Jeder Mensch hat einen Schutzengel: einen Begleiter, der immer bei ihm ist und ihm in Not und Gefahr beisteht. Im Psalm 91 heißt es: „Gott befiehlt seinen Engeln, dich zu behüten auf all deinen Wegen. Sie tragen dich auf ihren Händen, damit dein Fuß nicht an einen Stein stößt."

Die Bibel gebraucht nicht das Wort Schutzengel, aber sie berichtet öfters von Engeln, die den Menschen helfen: Ein Engel beschützt die Israeliten auf ihrer Flucht aus Ägypten, ein Engel gibt dem Propheten Elija zu essen, ein Engel begleitet Tobias auf einer gefährlichen Reise, ein Engel hilft Daniel in der Löwengrube, ein Engel befreit Petrus aus dem Gefängnis. All diese Engel hat Gott geschickt, um Gutes für die Menschen zu tun. Schon viele Menschen haben von ihrem Schutzengel Trost und Hilfe erfahren.

„Vierzehn Englein"

Vierzehn Englein begleiten nach einem alten Gebet ein Kind, wenn es abends schlafen geht. Das Gebet lautet:

„Abends, wenn ich schlafen geh,
vierzehn Englein mit mir gehen,
zwei zu meiner Rechten, zwei zu meiner Linken,
zwei zu meinen Häupten, zwei zu meinen Füßen,
zwei, die mich decken, zwei, die mich wecken,
zwei, die mich führen ein in das Paradies hinein."

Gebet zum Schutzengel

Heiliger Schutzengel, halte meine Hand, damit ich heute Abend gut einschlafe!
Halte meine Hand, damit ich morgen früh froh aufwache!
Halte meine Hand, damit ich jeden Tag ohne Angst leben kann.

Erntedankfest (Erster Sonntag im Oktober)

Der Erntedanktag am ersten Sonntag im Oktober lädt zum Nachdenken ein. Die Arbeit auf dem Feld ist beendet, Obst und Früchte sind geerntet. Wir danken Gott, etwa in einem festlichen Gottesdienst, für alle Gaben und denken an alles, was wir täglich von Gott geschenkt bekommen.

Am Erntedankfest sind viele Kirchen schön geschmückt. Oft ist ein Erntedankaltar aufgebaut, auf dem zahlreiche Gaben liegen: Äpfel und Birnen, Korn und Brot, Kürbisse und Gurken, Tomaten und Trauben, Nüsse und Blumen ... Manche Kirchen sind mit einer Erntekrone oder einem Erntekranz geschmückt, die aus Getreide geflochten werden. In einigen Orten werden sogar bunte Ernteteppiche kunstvoll gelegt.

In einigen Gemeinden werden die Erntegaben im Gottesdienst zum Altar gebracht und gesegnet. Der Segen erinnert daran, dass alles, was wächst, ein Geschenk Gottes ist. Gott hat das Jahr und die Mühe der Menschen mit seiner Güte gesegnet. Dafür danken wir ihm.

Auch zu Hause mit der Familie kann man Erntedank feiern. Dazu kann man die Wohnung mit Blumen und bunten Herbstblättern schmücken, die Haustür mit einem Ährenkranz verzieren oder einen kleinen Erntetisch mit Äpfeln, Birnen, Zwiebeln, Möhren und Nüssen aufbauen. Einige Familien pflegen den Brauch, am Erntedanksonntag gemeinsam ein Brot zu

backen. Zusammen mit den Kindern wird der Teig gemacht und daraus ein runder Laib, ein Stangenbrot oder ein Zopf gebacken. Welch ein Duft durchzieht an diesem Tag die ganze Wohnung!

Sehr schön ist es, wenn Eltern und Kinder am Erntedankfest einen Spaziergang durch Wiesen und Wälder machen. Gemeinsam kann man dann die „Früchte des Feldes" – wie Kräuter, Beeren, Pilze und Nüsse – ernten und daraus einen guten Tee oder eine leckere Marmelade machen. Viel Spaß macht es auch, Eicheln, Bucheckern, Kastanien, Tannen- und Kiefernzapfen, trockene Blüten und Gräser zu sammeln und daraus Wandschmuck oder lustige Tiere zu basteln.

Erntedankfeste gibt es, seit Menschen den Boden bestellten und Früchte aller Art ernten. Von den Israeliten wissen wir, dass sie ihr Wochen- und Laubhüttenfest als Erntedankfest feierten. Auch die Römer kannten Dankfeste für die Ernte.

Von dem großen deutschen Dichter Matthias Claudius (1740–1815) stammt ein schönes Gedicht über das Säen und Ernten:

„Wir pflügen und wir streuen
den Samen auf das Land,
doch Wachstum und Gedeihen
steht ganz in Gottes Hand.
Was nah ist und was ferne,
von Gott kommt alles her,
der Strohhalm und die Sterne,
das Sandkorn und das Meer."

Das Gedicht drückt aus, woran uns das Erntedankfest erinnern will: Alles auf dieser Erde stammt aus Gottes Hand. Der Erntedanktag erinnert uns daran, dass Gott der Schöpfer dieser Welt ist. Ihm haben wir alles zu verdanken, was wir essen, trinken und jeden Tag wie selbstverständlich empfangen.

Der Wert eines Brotes

Einen aufschlussreichen Test unternahm ein englischer Journalist: Er kaufte ein Brot und stellte sich damit an belebte Straßenecken verschiedener Städte. Die Vorübergehenden forderte er auf, für dieses Brot eine Stunde lang zu arbeiten.

In Hamburg wurde er ausgelacht. In New York von der Polizei festgenommen. Im afrikanischen Nigeria waren mehrere Personen bereit, für dieses Brot drei Stunden zu arbeiten. Im indischen New Delhi hatten sich rasch mehrere hundert Personen angesammelt, die alle für dieses Brot einen ganzen Tag arbeiten wollten ...

Tischgebete

Alle guten Gaben,
alles, was wir haben,
kommt, o Gott, von dir.
Wir danken dir dafür.
Amen.

Lieber Gott, ich danke dir,
dass du gabst zu essen mir.
Mache auch die Armen satt,
hilf, dass keiner Hunger hat!
Amen.

Rosenkranzfest

(7. Oktober)

Am 7. Oktober steht im kirchlichen Kalender: Gedenktag Unserer Lieben Frau vom Rosenkranz. Papst Pius V. hat dieses Marienfest, das einen kriegerischen Ursprung hat, eingeführt.

Bei Lepanto, einer Stadt an der Küste des griechischen Festlandes, trafen am 7. Oktober 1571 zwei gewaltige Flotten aufeinander: eine aus verschiedenen christlichen Mächten gebildete Flotte unter der Leitung Spaniens und die osmanische Flotte. Schließlich behielt die christliche Flotte die Oberhand. Man schrieb dieses „Wunder" der Fürsprache der Gottesmutter zu, zu der die Christen in besonderer Weise gebetet hatten.

Rosenkranzmonat

Papst Leo XIII. erklärte später den ganzen Monat Oktober zum Rosenkranzmonat. In diesem Monat treffen sich bis zum heutigen Tage katholische Christen zur Rosenkranz-andacht in den Kirchen. Dort beten sie gemeinsam den Rosenkranz und bitten Maria um Schutz und Beistand in ihren Anliegen.

Der Rosenkranz ist eine Gebetsschnur, auf der 59 Perlen aufgereiht sind, mit denen unter den Augen der Gottesmutter Maria der Lebensweg Jesu betrachtet wird. Ein Rosenkranz hat fünf „Gesätze" (Gebetsabschnitte) mit je einem Vaterunser, zehn „Ave-Maria" und einem „Ehre sei dem Vater". In jedes „Ave-Maria" wird ein Geheim-nis aus dem Leben Jesu eingefügt. Es gibt fünf freudenreiche, fünf schmerzhafte, fünf glorreiche und fünf lichtreiche Geheimnisse. Wahrscheinlich waren es Mönche, die den Rosenkranz schon vor über 400 Jahren gebetet haben.

Kirchweihfest (Oktober/November)

In jedem Jahr feiern wir im Oktober oder November das Kirchweihfest. Das Gotteshaus ist an diesem Tag besonders schön geschmückt. Vor der Kirche sind große Fahnen als Schmuck aufgestellt. Bei diesem Fest erinnern wir uns an den Tag, an dem unsere Kirche vom Bischof geweiht wurde. An diesem Tag hat unsere Kirche auch ihren Namen bekommen.

Wir freuen uns über unsere Kirche. Jeden Sonntag dürfen wir uns dort versammeln. Wir singen Lieder und hören Geschichten von Jesus. Wir erfahren, dass Gott alle Menschen lieb hat.

Am Kirchweihfest danken wir Gott ganz besonders, dass er uns in seinem Haus nahe sein will. Wir danken ihm, dass wir ihn hier besuchen und mit ihm sprechen dürfen. Wir danken ihm, dass er uns zuhört.

Im feierlichen Gottesdienst können wir so beten: „Lieber Gott, Kirchweih ist ein besonderer Tag. Ich danke dir für unsere schöne Kirche, für den Altar, das Kreuz, den Taufbrunnen, die Orgel ... und für unseren Pfarrer. Du wohnst sehr schön, lieber Gott. Ich will noch oft zu dir kommen."

In vielen Gegenden wird nach dem Gottesdienst weitergefeiert. Auf einem großen Platz stehen Karussele und zahlreiche Buden. In einem Festzelt wird Musik gemacht und getanzt. Erwachsene und Kinder sind froh und lustig.

Das Kirchweihfest hat viele verschiedene Namen. In einigen Gegenden heißt es Kirmes oder Kirta, in anderen Kerb oder Kerwe, Kirbe oder Kilbe.

Gebet am Kirchweihfest

Lieber Gott, heute ist Kirchweih. Ich bin mit meinen Eltern in dein Haus gekommen. Es ist ein großes, schönes Haus. Ich sehe den Altar, das Kreuz und die vielen bunten Fenster. Hier in deinem Haus bist du mir besonders nahe. Ich freue mich, dass ich an jedem Sonntag zu dir kommen und dich im heiligen Brot empfangen darf.
Lieber Gott, bleibe immer bei mir! Amen.

Reformationsfest (31. Oktober)

Am 31. Oktober ist das Reformationsfest. An diesem Tag denkt die evangelische Kirche an das Leben und Wirken von Martin Luther. Er lebte vor ungefähr 500 Jahren als Mönch in einem Kloster und lehrte an der Universität Wittenberg.

Luther wollte die katholische Kirche „reformieren", wie es in der lateinischen Sprache heißt, das heißt verändern und erneuern. Die Christen sollten sich nach seiner Ansicht weniger nach den Vorschriften der Bischöfe und des Papstes richten, sondern mehr nach dem Evangelium.

Nach der Überlieferung schlug Martin Luther im Jahr 1517 am Tag vor Allerheiligen 95 Thesen zum Ablasshandel und zur Buße an die Tür der Schlosskirche zu Wittenberg, um mit anderen Gelehrten darüber zu diskutieren. Luther vertrat die Ansicht, dass der Mensch nicht durch Ablassgelder von der Sünde erlöst würde, sondern dass dies schon durch den Tod Jesu am Kreuz geschehen sei.

Den Mächtigen der Kirche gefiel das nicht. Man verbot Luther, seine Lehre zu verbreiten, und verfolgte ihn. Der Streit endete damit, dass sich Martin Luther und seine Anhänger von der katholischen Kirche trennten. Sie nannten sich jetzt „evangelisch".

Martin Luther zog sich auf die Wartburg zurück. Dort übersetzte er als Erster die Bibel in die deutsche Sprache und machte sie so für viele Menschen zugänglich. Die Menschen sollten das Wort Gottes lesen und verstehen können.

Das Geburtsfest ihrer Kirche feiern die evangelischen Christen am Reformationstag mit Gottesdiensten und Gemeindeveranstaltungen.

„Eine feste Burg ist unser Gott."

Martin Luther

Brauchtum

Reformationsbrötchen

Zum Reformationstag gibt es ein süßes Gebäck: Reformationsbrötchen. Diese Brötchen mit einem Klecks roter Marmelade in der Mitte haben die Form einer „Lutherrose". Diese Lutherrose war das Siegel, das Martin Luther für seine Briefe benutzte: eine Rose mit einem roten Herz und einem Kreuz in der Mitte.

Allerheiligen (1. November)

Am ersten Tag im November feiern wir das Fest Allerheiligen. Das Fest ist schon über 1 200 Jahre alt. Wir denken an diesem Tag an alle Menschen, die vom Papst heiliggesprochen worden sind. Heilige sind Menschen, die ihr ganzes Leben für Gott eingesetzt haben.

Viele Heilige sind uns bekannt. Wir kennen ihre Namen und wissen, wie sie gelebt haben. Viele kennen wir nicht mehr. Aber auch sie haben ganz für Gott gelebt. Manche von ihnen wurden sogar verfolgt und getötet, weil sie ihr Leben an Gott verschenkt haben.

In unseren Kirchen finden wir oft Bilder und Figuren von Heiligen. Wir erkennen sie an den verschiedenen Gegenständen, die sie bei sich tragen. So hat Petrus immer einen Schlüssel bei sich, Barbara einen Turm oder einen Kelch, Nikolaus drei goldene Äpfel, Katharina ein Rad.

Es gab zu allen Zeiten Heilige. Einsiedler waren dabei, Mönche, Fürstentöchter, Könige oder einfache Arbeiter und Bauern. Auch heute gibt es noch viele Heilige. Einer von ihnen ist Pater Maximilian Kolbe. Er ging im Jahre 1941 freiwillig für einen Familienvater in den Tod.

Wir danken Gott für die vielen Heiligen, die er uns geschenkt hat. Sie begleiten uns auf unserem Lebensweg als gute Freunde und zeigen uns, wie wir heute mit Gott leben können. Deshalb sind die Heiligen für uns besondere Vorbilder.

Wissenswertes: Heiligenschein

Der Heiligenschein ist ein Lichtschein, ein heller Ring oder ein Strahlenkranz um den Kopf oder die ganze Gestalt eines Heiligen, mit dem dieser in der Kunst abgebildet wird. Er ist ein Symbol für die Heiligkeit der dargestellten Person. Der Heiligenschein wird auch Nimbus (lat. = Wolke) oder Gloriole (lat. gloria = Ruhm) genannt. Er war schon in der antiken Kunst üblich, in der christlichen Kunst seit dem 4. Jahrhundert.

Allerheiligenstriezel

In manchen Gegenden gehört zum Allerheiligentag ein besonderes Gebäck: der Allerheiligenstriezel oder Allerheiligenzopf. Er wird meistens aus Hefeteig gebacken und wie ein Zopf geflochten. Mit diesem Gebäck überraschen mancherorts die Paten ihre Patenkinder und wünschen ihnen viel Freude und Glück. Manchmal ist auch ein Geldstück darin eingebacken.

Früher wurden mit diesen Allerheiligenstriezeln die Armen beschenkt. Überall wurden die Striezel gebacken, und die armen Menschen zogen von Haus zu Haus und riefen: „Bitt gar schön um einen Allerheiligenstriezel!" Wenn jeder seinen Allerheiligenstriezel bekommen hatte, sagten sie zum Dank: „Vergelt's Gott, Allerheiligen!" Das galt als Zeichen für eine reiche Ernte im nächsten Jahr. Deswegen freute man sich, wenn möglichst viele Heiligenstriezelsammler an die Tür klopften.

Votivbild

Ein Votivbild ist ein kleines Bild oder
eine kleine Tafel mit der Abbildung
eines Heiligen, das oft an der Wand einer
Wallfahrtskirche hängt. Das Wort kommt
vom lateinischen votum = Gelübde, Wunsch.
Gläubige stiften das Votivbild wegen eines
Gelübdes oder als Dank für eine erhaltene
Hilfe. Votivbilder sind seit dem 17. Jahrhundert vor allem in Bayern und Österreich
sehr beliebt.

Allerseelen

(2. November)

Am 2. November, ein Tag nach Allerheiligen, ist das Fest Allerseelen. Wir denken an diesem Tag an die Menschen, die schon gestorben sind. Wir besuchen die Gräber unserer Verstorbenen auf dem Friedhof. Viele tun dies schon am Nachmittag des Allerheiligentages.

Die Gräber sind am Allerseelentag mit Astern, Chrysanthemen oder Kränzen geschmückt. Wir zünden kleine Kerzen in den Grablaternen an und geben Weihwasser auf das Grab. Blumen und Kränze, Licht und Wasser sind Zeichen des Lebens und der Hoffnung.

Wir Christen glauben, dass mit dem Tod nicht alles zu Ende ist. Wir hoffen, dass unsere verstorbenen Angehörigen jetzt ganz nah bei Gott sein dürfen und bei ihm glücklich sind. Jesus hat uns das versprochen. Und wir wissen: Er hält, was er uns verspricht.

In manchen Gegenden zieht an Allerseelen eine Prozession über den Friedhof. Der Priester, begleitet von den Ministranten, segnet dabei die Gräber. Wir beten für unsere verstorbenen Verwandten und Freunde: „Herr, gib ihnen die ewige Ruhe und das ewige Licht leuchte ihnen! Herr, lass sie ruhen in Frieden!"

Wenn wir an Allerseelen über den Friedhof gehen, können wir sehen, dass einige Gräber nicht geschmückt sind. Es kann sein, dass die Familie des Verstorbenen nicht mehr lebt. Vielleicht wird der Verstorbene von seinen Angehörigen auch völlig vergessen. Wir können auf ein solches Grab ein kleines Licht stellen und für den Toten ein Gebet sprechen.

Wissenswertes: R. I. P.

Auf vielen Grabsteinen steht R. I. P. Das ist die Abkürzung des lateinischen Satzes „requiescat in pace". Übersetzt heißt das: „Er möge ruhen in Frieden". So lautet der Segenswunsch für unsere verstorbenen Verwandten und Freunde auf dem Friedhof.

Wissenswertes: Tod

Alles, was auf der Erde lebt, muss irgendwann sterben. Die
Pflanzen sterben, wenn sie welk werden und vertrocknen. Die
Tiere sterben, wenn sie krank oder alt geworden sind. Und auch die
Menschen sterben, wenn ihr Herz aufhört zu schlagen. Alles auf der
Welt hat einen Anfang und ein Ende. Als Christen glauben wir, dass der
Mensch nach dem Tod bei Gott ein neues, anderes Leben bekommt. Die
Bibel erzählt, dass Gott Jesus von den Toten auferweckt hat. Darauf
vertrauen auch wir. Gott nimmt den Menschen zu sich und macht ihn
für immer froh und glücklich. Wie das „ewige Leben" bei Gott genau
aussieht, können wir nicht sagen. Doch wir wissen: Gott möchte
mit uns zusammensein, auch nach unserem Tod. Das hat er
uns durch Jesus gesagt. Gottes Liebe kennt keine Zeit.

Gebet zu Allerseelen

Lieber Gott, am Fest Allerseelen
gehen wir auf den Friedhof.
Hier ruhen die Menschen, die schon gestorben sind.
Wir besuchen ihre Gräber und beten für sie.
Wir danken ihnen für alle Liebe.
Auch du, lieber Gott, vergisst die Verstorbenen nicht.
Du gibst ihnen ein neues Leben.
Wir können uns nicht vorstellen,
wie dieses Leben aussieht,
aber wir wissen: Du hältst, was du versprichst.
Danke, lieber Gott! Amen.

Buß- und Bettag

(Mittwoch vor dem letzten Sonntag im Kirchenjahr)

Der Buß- und Bettag ist in Deutschland ein Feiertag der evangelischen Kirche und wird am Mittwoch vor dem letzten Sonntag im Kirchenjahr begangen. Er wurde Ende des 19. Jahrhunderts als Tag der Gewissensprüfung eingeführt. Ein arbeitsfreier Feiertag ist der Buß- und Bettag heute nur noch in Sachsen.

In Gottesdiensten werden die Menschen zu Besinnung und Umkehr aufgerufen. Mit Liedern und Gebeten denken sie darüber nach, was sie falsch gemacht haben. Sie bekennen ihre Schuld und bitten Gott um Verzeihung.

Alle Menschen machen Fehler, Erwachsene und Kinder, auch du und ich. Wir verlassen den guten Weg, den uns Gott gezeigt hat, beispielsweise in den Zehn Geboten. Wenn wir dies erkennen, ist es wichtig umzukehren. Das heißt, wir müssen den Mut haben, unsere Fehler zuzugeben. Wir müssen Gott sagen: „Es tut mir leid, was ich angestellt habe." Wenn wir das tun, dann verzeiht uns Gott. Denn er liebt uns mit ganzem Herzen.

Aus der Bibel

Umgekehrt ist auch der jüngere Sohn in der biblischen Geschichte
vom gütigen Vater (Lukas 15,11–24). Als der Sohn das Geld,
das ihm der Vater gegeben hatte, vergeudet hatte, ging er
reumütig zu seinem Vater zurück und sagte: „Vater, ich
habe viel Böses getan. Ich bin nicht wert, dass du Sohn
zu mir sagst."

    Der Vater umarmte vor Freude seinen Sohn und ver-
zieh ihm. So macht es auch Gott mit uns, wenn wir etwas
angestellt haben. Er lässt uns nicht im Stich.

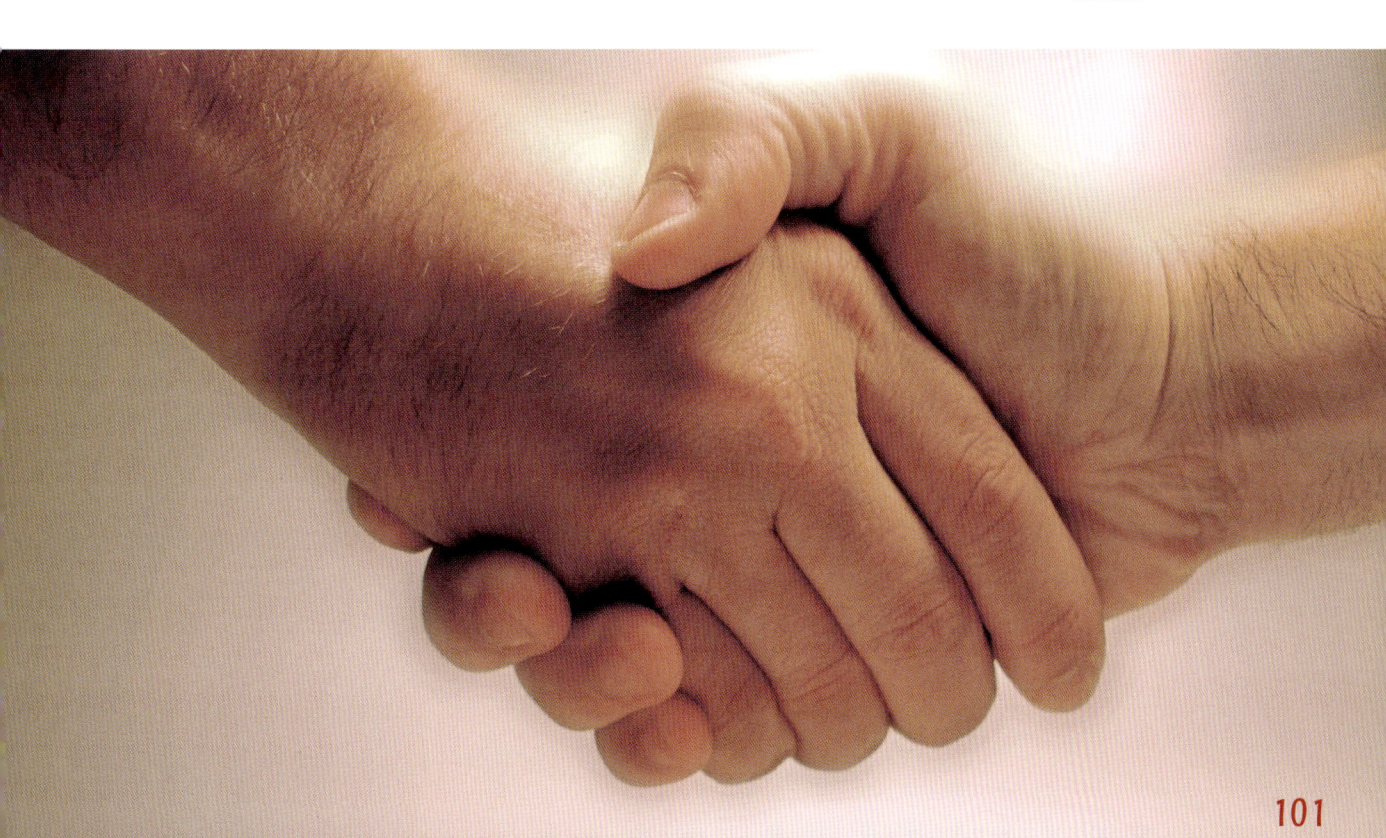

Christkönigsfest

(Letzter Sonntag im Kirchenjahr)

Am letzten Sonntag des Kirchenjahres feiern die katholischen Christen das Christkönigsfest. Der Tag erinnert an die Macht und Herrlichkeit Jesu Christi. Für die meisten völlig unbemerkt, geht mit diesem Fest das liturgische Jahr zu Ende.

Im Jahre 1925 wurde das Christkönigsfest von Papst Pius XI. eingeführt. Der genaue Name des Festes lautet „Hochfest unseres Herrn Jesus Christus, des Königs des Weltalls".

Am Christkönigsfest feiern wir den König und Herrn Jesus Christus, der am Ende der Zeiten wiederkommt, wenn diese Welt aufhört zu sein. Von diesem Herrscher bekennen wir im Apostolischen Glaubensbekenntnis: „Er sitzt zur Rechten Gottes, des allmächtigen Vaters; von dort wird er kommen, zu richten die Lebenden und die Toten."

Als der Statthalter Pontius Pilatus bei seinem Verhör Jesus fragte: „Bist du der König der Juden?", antwortete dieser: „Mein Reich ist nicht von dieser Welt." Als Pilatus nicht locker ließ und noch einmal fragte: „Also bist du doch ein König?", entgegnete ihm Jesus: „Ja, ich bin ein König. Dazu bin ich geboren und in die Welt gekommen, dass ich für die Wahrheit Zeugnis ablege."

Jesus ist nicht ein König wie andere Könige auf dieser Erde. Er besitzt keine schönen Kleider, erobert keine schönen Frauen, hat kein Land und kein Schloss, verfügt über keine Untertanen und Diener. Trotzdem ist er ein König in dieser Welt und für diese Welt. Sein Reich sind die Herzen der Menschen, die er mit seiner ganzen Liebe erfüllt.

Obwohl er keine Waffen besitzt, hat Jesus mehr Macht als alle anderen Könige dieser Welt. Er hat durch seinen Tod und seine Auferstehung die Welt erlöst und den Menschen versichert: Ich will das Leben für alle Menschen, das ewige, nie endende Leben.

In der heiligen Messe des Christkönigsfestes beten wir: „Wenn einst die ganze Schöpfung seiner Herrschaft unterworfen ist, wird er (Jesus) dir, seinem Vater, das ewige, allumfassende Reich übergeben: das Reich der Herrlichkeit und der Gnade, das Reich der Gerechtigkeit, der Liebe und des Friedens."

Die evangelischen Christen begehen am letzten Sonntag im Kirchenjahr den „Ewigkeitssonntag" oder „Totensonntag". Dieses Fest ist ein Tag der Erinnerung an alle Verstorbenen und des Gedenkens an das Ende der Zeit, von der der Reformator Martin Luther gesagt hat: „Die Welt wird ihr Werktagskleid ablegen und ein Sonntagskleid anziehen."

103

Wissenswertes: Krone (Dornenkrone)

Die Krone ist eines der ältesten Herrschersymbole. Das Aufsetzen der Krone gehört seit jeher zur feierlichen Einsetzung eines Königs bzw. Kaisers. Nach biblischer Überlieferung stehen gekrönte Personen in Gottes „Huld und Erbarmen" (Psalm 103,4).

Die Dornenkrone weist Jesus als einen ganz besonderen „König" aus: Von den römischen Soldaten wurde sie ihm als Zeichen der Verachtung und des Spottes aufgesetzt. In seinem Leiden zeigt sich Jesus als wahrer „Friedenskönig".

Wissenswertes: Pantokrator – Allherrscher

Christus wird sehr oft in der „Mandorla" dargestellt: Ein mandelförmiger „Heiligenschein" hüllt die ganze Gestalt ein. Das ist in vielen Kulturen das Zeichen für die oberste Herrschaft und für die Herrlichkeit. Die Mandorla zeigt: Christus ist der König der Welt gestern, heute und in Ewigkeit.

Rückblick

In einigen Kirchengemeinden wird am Christ-königsfest Rückblick gehalten auf die Ereignisse, die sich im abgelaufenen Kirchenjahr in der Gemeinde ereignet haben. In anderen Gemeinden werden im Festgottesdienst die neuen Ministrantinnen und Ministranten aufgenommen und auf ihren Dienst für den König Christus verpflichtet.

Christus sei überall

Christus sei mir zur Rechten,
Christus sei mir zur Linken.
Er die Kraft.
Er der Friede.
Christus sei, wo ich liege.
Christus sei, wo ich sitze.
Christus sei, wo ich stehe.
Christus in der Tiefe,
Christus in der Höhe,
Christus in der Weite.
Christus sei im Herzen eines jeden,
der meiner gedenkt.
Christus sei im Munde eines jeden,
der von mir spricht.
Christus sei in jedem Auge,
das mich sieht.
Christus sei in jedem Ohr,
das mich hört.
Er ist mein Herr.
Er ist mein Erlöser.

Gebet des heiligen Patrick

Namenstage und Heilige
Januar

1	Clarus, Fulgentius, Wilhelm
2	Basilius, Dietmar, Gregor
3	Irmina, Adele, Genoveva, Hermine
4	Angela, Elisabeth, Marius, Roger
5	Johann Nepomuk, Emilie, Charles
6	Pia, Caspar, Melchior, Balthasar
7	Reinhold, Raimund, Sigrid, Valentin, Virginia
8	Severin, Erhard, Gudula
9	Eberhard, Julian, Basilissa, Adrian
10	Gregor, Wilhelm, Paulus von Theben
11	Francesco, Edwin, Paulinus
12	Tanja, Tatjana, Bernardo, Ernst
13	Yvette (Jutta), Gottfried, Hilarius
14	Felix, Rainer, Berno
15	Arnold Janssen, Maurus, Konrad, Gabriel
16	Theobald, Marcellus, Ulrich, Tillo
17	Antonius der Einsiedler, Beatrix
18	Regina, Odilo, Priska, Wolfried
19	Marius, Adelheid, Pia
20	Fabian, Sebastian, Ursula
21	Agnes, Meinrad
22	Vinzenz, Walter, Elisabeth
23	Hartmut, Ildefons, Heinrich Seuse
24	Franz v. Sales, Vera, Arno
25	Susanna, Titus, Wolfram
26	Paula, Timotheus und Titus
27	Angela, Enrique, Julian
28	Thomas von Aquin, Karl der Große, Manfred, Karoline
29	Radegunde, Gerhard, Valerius
30	Martina, Adelgund, Diethild, Serena
31	Johannes Bosco, Hemma, Marcella

Attribute = Kennzeichen eines Heiligen

Patron = Heiliger, der eine Gruppe von Menschen oder einen Ort besonders Schützt

Caspar, Melchior, Balthasar

Caspar, Melchior und Balthasar wurden seit dem 6. Jahrhundert die drei Magier aus dem Morgenland genannt, die nach dem Bericht des Evangelisten Matthäus (2,1–12) von einem Stern zur Krippe in Betlehem geführt wurden, den Jesusknaben anbeteten und ihm als Geschenke Gold, Weihrauch und Myrrhe mitbrachten.

Seit dem 9. Jahrhundert wurden diese drei Namen volkstümlich. Sie galten zu dieser Zeit vor allem als Vertreter der drei damals bekannten Erdteile Europa, Asien und Afrika.

Im 14. Jahrhundert wurde erzählt, dass einer der drei Könige dunkelhäutig gewesen sei. Das sollte ein Zeichen dafür sein, dass Jesus für alle Menschen geboren ist, gleich welche Hautfarbe sie haben. Jesus ist den Magiern aus dem Morgenland als „Herr aller Völker" erschienen, weil Gott alle Menschen auf der Erde liebt.

Nach ihrer Rückkehr ins Morgenland sollen Caspar, Melchior und Balthasar, so erzählt die Legende, vom Apostel Thomas zu Bischöfen geweiht worden sein und Jahre später – nach großen missionarischen Erfolgen – nur wenige Tage nacheinander gestorben sein. Ihre Reliquien befinden sich heute im Kölner Dom.

Gedenktag
6. Januar

Attribute
Könige mit Geschenken, Krone, Stern

Patron
der Pilger und Reisenden, der Stadt Köln

Brauchtum

Am Gedenktag der Heiligen Drei Könige ziehen jedes Jahr Kinder als Sternsinger von Haus zu Haus. Sie singen Lieder und sammeln Geldspenden für arme Kinder in aller Welt.

107

Februar

1	Brigida, Sigbert, Severus	**11**	Anselm, Theodora, Theodor	**21**	Germanus, Petrus Damiani
2	Bodo, Dietrich, Markward	**12**	Gregor II., Benedikt	**22**	Kathedra Petri, Isabella, Margareta
3	Blasius, Ansgar	**13**	Reinhild, Gisela, Jordan	**23**	Romana, Polykarp, Otto
4	Hrabanus Maurus, Veronika, Christian, Gilbert	**14**	Cyrill, Method, Valentin	**24**	Matthias, Ida
5	Agathe, Adelheid	**15**	Siegfried, Claude de la Colombiere	**25**	Luigi, Walburga, Adeltraud
6	Paul Miki, Dorothea, Hilde-gund	**16**	Juliana, Philippa	**26**	Augustin Tchao, Markward
7	Francesco Antonio, Richard	**17**	Evermod, Benignus, Flavian	**27**	Bettina, Patrick
8	Hieronymus Ämiliani, Josefina M. Bakita	**18**	Konstantia, Simon, Alexander	**28**	Roman, Hermine, Antonia, Silvana
9	Apollonia, Alto, Lambert	**19**	Irmgard, Hadwig, Bonifatius		
10	Bruno, Wilhelm, Scholastika	**20**	Korona, Falko, Jordan Mai, Pierre Romancon		

Blasius

Blasius, so erzählt die Legende, war ursprünglich Arzt. Zu Beginn des 4. Jahrhunderts wurde er Bischof von Sebaste in Armenien (heute Türkei). Während seiner Amtszeit fielen die Christenverfolger von Kaiser Diokletian in Sebaste ein und warfen neben vielen anderen Christen auch den Bischof in den Kerker. Eines Tages stürzte der Gefängniswärter in die Zelle des Bischofs. Er hatte einen Jungen auf dem Arm, der zu ersticken drohte. Er hatte eine Fischgräte verschluckt.

Gedenktag
3. Februar

Attribute
gekreuzte Kerzen

Patron
der Ärzte, Schneider, Schuster, Bäcker, Maurer, Haustiere; gegen Halsleiden

„Rette mein Kind, Blasius, sonst stirbt es!", rief der verzweifelte Vater. Blasius griff geschickt mit den Fingern in den Hals des Kindes und zog die Fischgräte heraus. „Siehst du, durch so eine kleine Gräte kann Gott unserem Leben ein Ende machen", sagte Blasius zu dem Jungen.

Einen Tag später – es war im Jahr 316 – wurden der Bischof und 40 weitere Christen hingerichtet. Sein Andenken lebt bis heute fort im Blasiussegen, der am Festtag des Heiligen gespendet wird.

Brauchtum

Beim Blasiussegen legt der Priester oder Diakon zwischen zwei brennende Kerzen die Segenshand und betet: „Durch die Fürbitte des heiligen Blasius befreie dich Gott von jedem Halsleiden und jedem anderen Leiden. Im Namen des Vaters und des Sohnes und des Heiligen Geistes. Amen." Weil Bischof Blasius einen Jungen vor dem Ersticken rettete, rufen die Menschen seine Hilfe bei Halskrankheiten an.

Valentin

Am 14. Februar ist das Fest des heiligen Valentin. Der Brauch, einem lieben Menschen an diesem Tag etwas zu schenken,

Gedenktag

14. Februar

Patron

der Jugend, Reisenden und Imker; für gute Verlobung und Heirat

leitet sich aus der Lebensgeschichte des Heiligen ab. Valentin soll im 3. Jahrhundert in Rom junge Paare mit bunten Blumensträußchen aus seinem Klostergarten beschenkt haben. Römischen Männern soll er dazu geraten haben, lieber bei ihrer Frau zu bleiben, als in den Krieg zu ziehen. Am 14. Februar 269 wurde Valentin deshalb unter Kaiser Claudius II. hingerichtet.

Seit dem späten 14. Jahrhundert gilt der Valentinstag in England und Frankreich als „Tag der Verliebten". Später wurde der Valentinstag besonders in den USA und den angelsächsischen Ländern gefeiert. In Deutschland kamen Valentinsgrüße erst nach dem Zweiten Weltkrieg in Mode. Verliebte schenken sich Blumen oder lassen sich in einem Gottesdienst segnen.

März

1	Albin, David, Suitbert
2	Agnes, Karl der Gute
3	Katherine Maria, Titian, Kunigunde
4	Kasimir, Humbert, Walburga
5	Friedrich, Dietmar, Gerda, Olivia, Jeremia
6	Fridolin, Mechthild, Coleta
7	Felicitas, Perpetua, Volker
8	Johannes v. Gott, Arianus, Felix
9	Franziska, Bruno, Dominikus Savio
10	Emil, John, Gustav
11	Rosina, Heinrich Hahn
12	Beatrix, Almud, Engelhard
13	Paulina, Judith, Gerald, Leander
14	Mathilde, Manfred, Einhard, Konrad
15	Klemens, Luise, Zacharias, Dietrich
16	Abraham, Hilarius, Gummar
17	Gertrud, Patrick, Konrad
18	Eduard, Anselm, Cyrill
19	Josef, Sibyllina
20	Irmgard, Wolfram, Claudia
21	Axel, Christian
22	Elmar, Lea, Reinhilde
23	Turibio, Rebekka
24	Katharina (Karin), Giuseppe Maria
25	Jutta, Prokop
26	Emanuel, Larissa, Liudger
27	Frowin, Heimo
28	Guntram, Gundelind
29	Helmut, Gladys, Ludolf
30	Leonardo Murialdo, Quirin, Diemut
31	Cornelia, Benjamin, Guido, Goswin

Josef von Nazaret

Es ist nicht viel, was wir über den Pflegevater Jesu wissen. Josef war Zimmermann und kam aus Nazaret. Liebevoll kümmerte er sich um Maria und Jesus und sorgte für sie. Das fing schon an, als Jesus noch nicht auf der Welt war. Josef musste mit Maria nach Betlehem gehen. Dort wurden alle Leute gezählt, die mit dem König David verwandt waren. Josef half Maria, dass sie die lange Reise gut überstehen konnte. Als sie dann in Betlehem waren, gebar Maria das Jesuskind. Wir können uns vorstellen, in welcher Sorge Josef war! Maria und das Kind sollten ein gutes Lager haben und nicht frieren müssen!

Nach einiger Zeit musste sich Josef wieder um die beiden sorgen. Ein Engel erschien ihm im Traum und sagte: „Steh auf, nimm das Kind und seine Mutter und flieh nach Ägypten, denn König Herodes will es töten!" Sofort stand Josef auf. In aller Eile sattelte er den Esel, wickelte Maria und Jesus in warme Decken ein und ritt mit ihnen in das fremde Land. Als Herodes gestorben war, sagte der Engel zu Josef, er solle wieder nach Nazaret zurückkehren. Josef tat dies. Er arbeitete hier in seiner Zimmermannswerkstatt und sorgte für seine Familie.

Gedenktag

19. März

Attribute

Jesuskind auf dem Arm, Stab, Lilie

Patron

der ganzen Kirche, der Familien, Handwerker, Zimmerleute, Erzieher, der Reisenden und der Sterbenden

April

1	Irene, Hugo	**11**	Rainer, Stanislaus, Hildebrand	**21**	Konrad von Parzham, Anselm
2	Franz v. Paola, Sandrina	**12**	Julius, Herta, Giuseppe Moscati	**22**	Wolfhelm, Cajus, Altfried
3	Luigi Scrosoppi, Richard, Reinhard	**13**	Martin, Hermenegild, Ida	**23**	Georg, Gerhard, Adalbert
4	Konrad, Isidor	**14**	Lidwina, Ernestine	**24**	Wilfried, Theodor, Fidelis, Maria Elisabetta
5	Vinzenz Ferrer, Kreszentia	**15**	Nidger, Damian	**25**	Markus, Erwin, Franka, Hermann
6	Wilhelm, Petrus der Märtyrer	**16**	Benedikt Josef Labre, Bernadette	**26**	Helene, Kletus
7	Johann Baptist de la Salle, Lothar, Eberhard	**17**	Stephan Hardig, Eberhard	**27**	Petrus Kanisius, Nicola, Zita
8	Maria Rosa, Walter, Beate	**18**	Wigbert, Aya, Ursmar	**28**	Hugo, Theodulf (Ulf), Pierre Chanel
9	Waltraud, Konrad, Casilda	**19**	Leo IX., Gerold, Marcel	**29**	Katharina v. Siena, Roswitha, Irmtrud
10	Magdalena Gabriela, Engelbert	**20**	Odette, Hildegund, Viktor	**30**	Quirin, Pius V., Pauline, Rosamunde

Georg

Die Erzählung vom Kampf Georgs mit dem Drachen ist uns aus dem Mittelalter überliefert. Danach entstammte Georg einer vornehmen Familie aus Kappadozien (heute Türkei) und war hoher römischer Offizier.

Eines Tages wurde das Land von einem Drachen tyrannisiert, dem täglich zwei Schafe zur Besänftigung geopfert wurden.

Gedenktag
23. April

Attribute
Lanze, den Drachen tötend

Patron
der Soldaten, Bauern, Reiter, Bergleute, Pfadfinder, Gefangenen

Als alle Schafe getötet waren, forderte der Drache Menschenopfer. Das Los, welches das erste Opfer bestimmen sollte, fiel auf die Tochter des Königs. Da griff Georg den Drachen mit seiner Lanze an, verletzte ihn und führte ihn vor das Volk. Er versprach, das Untier zu töten, wenn sich alle von ihm taufen ließen. Als Volk und König damit einverstanden waren, sprang Georg auf sein Pferd und tötete den Drachen.

Von Christenverfolgern soll Georg um 304/305 enthauptet worden sein. Die Bauern verbinden mit dem Fest des heiligen Georg ein reiches Brauchtum, wie Georgi-Ritt und Pferdesegnung.

Markus

Markus verfasste vermutlich um 70 n. Chr. das älteste und kürzeste Evangelium. Er stammte aus Jerusalem, begleitete den Missionar Barnabas und den Apostel Paulus auf ihren Reisen und war

Gedenktag
25. April

Attribute
Löwe

Patron
der Bauarbeiter, Maurer, Glaser, Schreiber; gegen Unwetter und plötzlichen Tod

ein Mitarbeiter des Petrus, dessen Predigten er aufschrieb. Markus gilt als der Gründer der Kirche von Alexandrien in Ägypten. Seine Gebeine sind im Markusdom in Venedig beigesetzt.

Brauchtum

Ab dem Markustag spendet der Priester im Gottesdienst den Wettersegen (bis zum Fest Kreuzerhöhung am 14. September). Darin bittet die Kirche – vor allem in ländlichen Gebieten – um Gottes Segen für eine gute Ernte und um Bewahrung vor Unwetter.

Mai

1	Arnold, Josef, Augustin Schoeffler		**17**	Walter, Paschalis Baylon
2	Athanasius, Sigismund, Boris		**18**	Erich, Dietmar, Felix, Blandina
3	Philippus, Jakobus d. Jüngere, Viola, Alexander (Axel)		**19**	Ivo, Kuno, Maria Bernarda
4	Florian, Valeria, Guido		**20**	Bernhardin, Elfriede, Valeria
5	Sigrid, Jutta, Godehard, Angelus		**21**	Hermann Josef, Wiltrud, Konstantin, Charles Joseph
6	Antonia, Gundula, Markward		**22**	Renate, Julia, Rita, Emil, Romuald
7	Helga, Gisela, Notker, Agostino Roscelli		**23**	Bartholomäus, Desiderius, Guibert
8	Friedrich, Klara, Ulrika		**24**	Dagmar, Esther, Magdalena
9	Theresia, Volkmar, Beatus		**25**	Maria Magdalena, Gregor, Beda
10	Juan, Bertram, Gordanius		**26**	Philipp Neri, Alwin
11	Gangolf, Mamertus		**27**	Bruno, Augustinus
12	Pankratius, Nereus, Achilleus		**28**	German, Rudhard, Wilhelm
13	Servatius, Ellinger		**29**	Maximin, Irmtrud
14	Pachomius, Christian		**30**	Jeanne d'Arc, Ferdinand, Reinhild, Otto Neururer
15	Sophia, Rupert, Isidor, Gerbert		**31**	Petronilla (Petra), Mechthild
16	Johannes Nepomuk, Ubald			

Eisheilige (Mammertus, Pankratius, Servatius, Bonifatius und Sophie)

In die letzte Zeit des Frühjahrs fallen die sogenannten „Eisheiligen". Als Eisheilige werden die fünf Heiligen bezeichnet, deren Namenstage die katholische Kirche zwischen dem 11. und 15. Mai feiert.

Der Name Eisheilige rührt daher, dass häufig Mitte Mai der letzte Frost vor dem Sommer und damit eine große Gefahr für die Ernte droht. Viele Volksweisheiten bezeugen den Respekt der Winzer und Gärtner vor den Eisheiligen.

Die Namen der Eisheiligen lauten: Mammertus, Pankratius, Servatius, Bonifatius und Sophie. Wer waren diese Heiligen?

Gedenktage

11. bis 15. Mai

Mammertus (11. Mai) war im fünften Jahrhundert Bischof im französischen Vienne. Pankratius (12. Mai) wurde ein Jahrhundert früher in Rom als Märtyrer hingerichtet, und Servatius (13. Mai) war im vierten Jahrhundert Bischof im belgischen Tongern.

Mit dem am 14. Mai gefeierten heiligen Bonifatius ist nicht der als „Apostel der Deutschen" bekannte angelsächsische Benediktinermönch, sondern ein gleichnamiger sizilianischer Märtyrer aus dem vierten Jahrhundert gemeint. Die Mailänderin Sophia (15. Mai), im Volksmund als „kalte Sophie" bekannt, starb im zweiten Jahrhundert in Rom als Märtyrerin, nachdem sie von Kaiser Hadrian verurteilt worden war.

Brauchtum

Bauernregeln

Pankraz, Servaz, Bonifaz
machen erst dem Sommer Platz.

Pflanze nie
vor der Kalten Sophie.

Mamertius, Pankratius, Servatius
bringen oft Kälte und Verdruss.

Juni

1	Justin, Simeon, Luitgard		**16**	Benno, Luitgard, Quirin, Maria Theresia
2	Armin, Eugen, Erasmus, Marcellinus und Petrus		**17**	Adrian Hilarius Albert, Fulko (Falko)
3	Karl Lwanga, Johannes XXIII., Hildburg		**18**	Felicius und Simplicius, Gregor
4	Werner, Christa, Klothilde, Eva		**19**	Romuald, Elisabeth, Modest Andlauer
5	Bonifatius/Winfried, Meinwerk		**20**	Adalbert, Margarete, Vitalis
6	Norbert, Claudius, Kevin		**21**	Aloisius Gonzaga, Alban, Aaron
7	Robert (Bob), Gottlieb, Adalar, Eoban		**22**	Thomas Morus, John Fisher, Paulinus, Albin, Eberhard
8	Maria von Droste zu Vischering, Helga, Giselbert		**23**	Edeltraud, Wanda
9	Ephräm, Primus, Gratia		**24**	Geburt Johannes' d. Täufers, Thöger (Dietger)
10	Diana, Edward Johannes Maria Poppe		**25**	Eleonore, Dorothea, Wilhelm
11	Alice, Barnabas, Rosa		**26**	Vigilius, Johannes und Paulus von Rom
12	Leo, Odulf, Gaspare Luigi		**27**	Hemma, Cyrill
13	Antonius v. Padua, Bernhard		**28**	Diethild, Ekkehard, Irenäus, Marcella, Vincentia
14	Meinrad, Burchard, Hartwig, Gottschalk		**29**	Petrus und Paulus, Judith, Salome, Gero
15	Vitus, Lothar, Gebhard, Klara Fietz		**30**	Otto, Bertram, Ernst, Donatus

Petrus

Petrus (griech. = Fels), ein Bruder des Andreas, war ein einfacher Fischer am See Gennesaret. Er stammte aus Betsaida in Galiläa. Als er eines Tages Jesus kennenlernte, war er so begeistert, dass er alles verließ und mit ihm ging. Furchtlos und unerschrocken verkündete er das Evangelium.

Der römische Kaiser Nero ließ ihn (wahrscheinlich um 65 n. Chr.) verhaften und wie Jesus kreuzigen. Über seinem Grab im Petersdom ist das Wort Jesu zu lesen: „Du bist Petrus, der Fels, und auf diesen Felsen will ich meine Kirche bauen" (Matthäus 16, 18). Petrus gilt auch als Wetterherr: Petrus „macht" gutes Wetter.

Gedenktag
29. Juni

Attribute
Schlüssel, Stab, Buch, Fisch, Kreuz, Hahn

Patron
der Stadt Rom und des Vatikans, der Fischer, Schlosser, Schreiner

Paulus

Paulus (lat. = klein, gering, wenig) war neben Petrus der wichtigste Apostel und hieß ursprünglich Saulus. Er war ein Pharisäer, der die Christen brutal verfolgte.

Als er einmal auf dem Weg nach Damaskus war, hatte er nach der Apostelgeschichte 9,1–22 eine Erscheinung: Er sah Christus, der von den Toten auferstanden war. Christus sagte ihm, er dürfe die Christen nicht länger verfolgen, sondern solle ab jetzt in der ganzen Welt das Evangelium verkünden.

Darauf zog Paulus von Stadt zu Stadt und gründete viele christliche Gemeinden. Viele Briefe, die er diesen Gemeinden geschrieben hat, sind im Neuen Testament gesammelt. Nach einer sehr alten Überlieferung ist Paulus in Rom um 67 n. Chr. gestorben. Weil er ein Christ war, wurde er vom römischen Kaiser Nero zum Tod (durch Enthauptung) verurteilt.

Gedenktag
29. Juni

Attribute
Buch, Schwert

Patron
der Stadt Rom, der Theologen und Seelsorger, Weber, Arbeiterinnen

Juli

1	Dietrich, Theoderich, Oliver
2	Jakob Friedrich, Wiltrud
3	Thomas, Joseph Lenzel
4	Ulrich, Berta, Bruno, Isabella (Elisabeth)
5	Antonius Maria Zaccaria, Kyrilla
6	Maria Goretti, Maria Theresia, Goar
7	Willibald, Waltfried, Edelburg
8	Kilian, Kolonat, Totnan, Edgar, Eugen
9	Veronika, Andreas, Anna, Paulina
10	Erik, Olaf, Knud, Alexander
11	Benedikt, Olga, Oliver, Rachel
12	Felix und Nabor, Sigisbert
13	Heinrich und Kunigunde, Sara, Arno, Mildred
14	Roland, Kamillus, Goswin, Ulrich
15	Bonaventura, Waldemar, Egon, David, Edgar
16	Irmengard, Carmen, Elvira, Reinhild
17	Jadwiga, Marina, Donata, Charlotte, Alexius
18	Arnold, Arnulf, Friedrich, Radegunde
19	Bernulf, Justa, Rufina
20	Margareta, Bernhard, Elias, Léon-Ignace
21	Laurentius, Daniel, Daniela, Florentinus
22	Maria Magdalena, Verena, Eberhard
23	Birgitta v. Schweden, Liborius
24	Christophorus, Christina, Luise, Sieglinde
25	Jakobus der Ältere, Thea
26	Anna, Joachim, Christiane, Titus Brandsma
27	Pantaleon, Bertold, Natalie und Aurelius
28	Beatus, Viktor, Innozenz, Benno
29	Marta von Betanien, Lucilla, Flora, Ladislaus, Beatrix
30	Petrus Chrysologus, Maria de Jesu, Ingeborg
31	Ignatius, Germanus, Hermann, Justinus

Benedikt

Benedikt (lat. benedictus = der von Gott Gesegnete) wurde um 480 in Nursia (Norcia) in Mittelitalien geboren. Zunächst studierte er Rechtswissenschaften in Rom, brach aber dann das Studium wegen des ausschweifenden Lebens seiner Mitstudenten ab.

Benedikt zog sich in die Einsamkeit der Berge zurück, dachte nach und betete. Mit jungen Männern, die sich ihm anschlossen, gründete er auf dem Montecassino bei Rom ein Kloster, dem er eine feste Regel gab. Noch heute beten und arbeiten die Benediktiner auf der ganzen Welt nach dieser berühmten Regel. 547 starb Benedikt in Montecassino – im Gebet aufrecht vor dem Altar stehend.

Gedenktag

11. Juli

Attribute

zerbrochener Becher oder Kelch, Regelbuch, Pelikan, Rabe, Dornen, Kugel

Patron

des Abendlandes und von Europa; der Schulkinder, Lehrer; Bergleute und der Sterbenden

Christophorus

Die Legende vom heiligen Christophorus erzählt, dass er an einem gefährlichen Fluss wohnte. Dort trug er Menschen, die über den Fluss wollten, durch die Fluten. Eines Tages musste er ein kleines Kind hinübertragen. Mitten im Fluss wurde das Kind so schwer, dass er es kaum noch tragen konnte. Nur mit Mühe brachte er es ans andere Ufer. Dieses Kind soll das Christuskind gewesen sein.

Wir wissen sicher, dass Christophorus von dem römischen Kaiser Decius enthauptet wurde (um 250). Der Grund: Der Heilige hatte in Lydien in Kleinasien den christlichen Glauben verbreitet. Christophorus ist einer der Vierzehn Nothelfer. Im Mittelalter glaubte man, wer sein Bildnis gesehen hat, wird an diesem Tag nicht eines plötzlichen Todes sterben.

Gedenktag

24. Juli

Attribute

Stab, Jesuskind auf den Schultern

Patron

der Seeleute, Pilger, Reisenden und Autofahrer

August

1	Alfons, Ulrich, Petrus Faber	**12**	Radegunde, Karl Leisner	**22**	Maria Königin, Regina, Siegfried
2	Eusebius, Gundekar, Petrus Julianus Eymard	**13**	Pontianus und Hippolyt, Gertrud, Gerold, Markus	**23**	Rosa von Lima, Justitian, Richildis
3	Lydia, Burchard, Benno	**14**	Maximilian Kolbe, Meinhard, Eberhard	**24**	Bartholomäus, Karl, Isolde
4	Johannes Maria Vianney, Rainer	**15**	Mechthild, Rupert, Tarsitius (Tarzisius)	**25**	Ludwig, Josef von Calasanza, Patricia, Elvira
5	Oswald, Stanislaus, Dominika	**16**	Stephan, Christian, Rochus, Theodor	**26**	Theresa von Jesus Jornet, Alexander, Gregor
6	Hermann, Gilbert	**17**	Karlmann, Jutta, Hyazinth	**27**	Monika, Gebhard
7	Juliana, Afra, Kajetan, Sixtus, Donatus	**18**	Helena, Claudia, Reinald	**28**	Augustinus, Elmar, Adelind
8	Dominikus, Cyriakus	**19**	Johannes Eudes, Sebald, Ezequiel Moreno	**29**	Enthauptung Johannes' des Täufers, Sabina, Beatrix, Theodora
9	Edith Stein, Maria Anna Cope	**20**	Bernhard, Hugo, Samuel, Ronald, Oswin	**30**	Heribert, Felix, Amadeus, Ildefons Schuster, Rebekka
10	Laurentius (Lars), Asteria (Astrid), Philomena	**21**	Pius X., Balduin, Gratia	**31**	Raimund, Paulinus, Wala
11	Klara, Nikolaus von Kues, Susanne, Donald				

Laurentius

Laurentius war Diakon in Rom zur Zeit der Christenverfolgung. Als er gezwungen wurde, das Vermögen der Kirche an Kaiser Valerian zu übergeben, verteilte er zuvor die Besitztümer an Leidende und Arme. Diese Beschenkten zeigte er dem Kaiser als die wahren Schätze der Kirche.

Gedenktag

10. August

Attribute

Rost, Geld, Brot

Patron

der Armen, Bibliothekare, Schüler, Studenten,

Köche, Wirte, Feuerwehr

Valerian war darüber so wütend, dass er Laurentius schlimme Dinge antat. So soll er ihn über einem glühenden Rost zu Tode gefoltert haben. Darum ist Laurentius auf vielen Abbildungen mit einem Rost zu sehen oder mit Geld, das er verschenkt.

Brauchtum

Viele Menschen trauerten bei seinem Tod um Laurentius und weinten. Weil um den 10. August herum oft auch viele Sternschnuppen zu sehen sind, nennt man sie „Laurentiustränen".

Bartholomäus

Bartholomäus (aram. = Sohn des Tolmai) war einer der zwölf Jünger Jesu (Markus 3, 18). Von ihm ist im Neuen Testament weiter nichts bekannt. Nach kirchlicher Überlieferung soll er in Armenien und Indien missioniert haben.

Berühmt wurde er durch seine Fähigkeit, Kranke zu heilen. So soll er auch die Tochter des armenischen Königs Polimius geheilt haben, worauf sich die Königsfamilie zum Christentum bekehrte. Wütende Götzenpriester hetzten den Bruder des Königs gegen Bartholomäus auf. Dieser ließ den Apostel durch seine Soldaten gefangen nehmen, foltern und schließlich kreuzigen.

Seit Ende des 10. Jahrhunderts ruhen die Gebeine des Märtyrers in der Kirche San Bartholomä, die in Rom auf einer Insel im Tiber errichtet wurde.

Gedenktag
24. August

Attribute
Messer, Buch, abgezogene Haut

Patron
der Bergleute, Bauern, Hirten, Bäcker, Metzger, Buchbinder

September

1	Ägidius, Verena, Ruth, Alois Scholze	**11**	Felix, Regula, Maternus, Johann Gabriel	**21**	Matthäus, Jona, Debora
2	Ingrid, Salomon, Franz Urban	**12**	Mariä Namen (Marion), Guido	**22**	Emmeram, Mauritius, Gunthild
3	Gregor d. Große, Sophia, Phoebe	**13**	Johannes Chrysostomus, Notburga, Tobias, Amatus	**23**	Pater Pio, Thekla, Linus, Gerhild
4	Jeanne-Antide Thouret, Ida, Irmgard, Rosalia, Rosa	**14**	Conan	**24**	Rupert, Gerhard, Hermann, Virgil
5	Roswitha, Maria Theresia, Mutter Teresa	**15**	Dolores, Roland, Ludmilla, Melitta	**25**	Nikolaus v. d. Flüe, Firmin, Wigger
6	Magnus, Theobald	**16**	Kornelius, Cyprian, Julia, Edith	**26**	Kosmas und Damian, Marie-Victoire-Thérèse
7	Otto, Judith, Regina, Stephan Pongrácz, Dietrich	**17**	Hildegard v. Bingen, Robert, Ariane	**27**	Vinzenz v. Paul, Hiltrud, Dietrich
8	Mariä Geburt, Hadrian v. Nikomedien	**18**	Lambert, Richardis	**28**	Lioba, Thekla, Wenzel, Konrad
9	Petrus Claver, Otmar, Gorgonius	**19**	Theodor, Bertold, Januarius	**29**	Erzengel Michael, Gabriel und Rafael, Johannes von Dukla
10	Diethard, Pulcheria, Nikolaus	**20**	Andreas Kim Taegon, Paulus Chong Hasang, José Maria	**30**	Hieronymus, Urs, Viktor, Sophia

Jona

Jona (hebr. = Taube) ist ein Prophet aus dem 8. Jahrhundert vor Christus. Nach ihm ist ein Buch aus dem Alten Testament (um 400 v. Chr. entstanden) benannt, das eine spannende Erzählung enthält:

Jona erhält von Gott den Auftrag, der heidnischen Stadt Ninive den Untergang anzudrohen. Doch Jona will nicht, flieht vor

Gedenktag
21. September

Attribute
Schiff, großer Fisch

Gott und fährt mit einem Schiff weit weg. Da tritt ein gewaltiger Sturm auf, und das Schiff gerät in Seenot. Weil Jona am Sturm

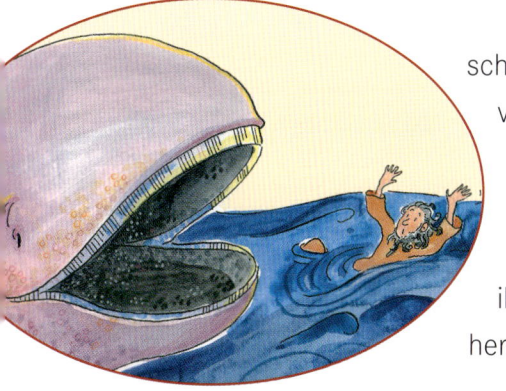

schuld ist, werfen die Seeleute ihn ins Meer. Ein großer Fisch verschluckt Jona und spuckt ihn, nachdem er sein Tun bereut, nach drei Tagen wieder an Land. Darauf führt Jona Gottes Auftrag aus. Als Ninive Buße tut und deshalb von Gott verschont wird, wird Jona zornig auf Gott. Doch Gott belehrt ihn, dass er allen Geschöpfen gegenüber gnädig und barmherzig ist (Jona 1,1–4,11).

Erzengel Michael, Gabriel und Rafael

Michael (hebr. = Wer ist wie Gott?) ist der Erzengel, der laut Neuem Testament den Teufel besiegte. Er gilt als Führer der Engel, die die Seelen der Verstorbenen zu Gott geleiten. In Deutschland gibt es viele Kirchen, die dem Erzengel Michael geweiht sind. Nach Michael sind zahlreiche Messen und Märkte benannt, die Ende September stattfinden.

Gabriel (hebr. = „Stärke Gottes") ist der Erzengel, der von Gott dreimal zu den Menschen gesandt wurde, um die Geburt Jesu und Johannes' des Täufers anzukündigen. Das erste Mal kam er zum Propheten Daniel, das zweite Mal zum Priester Zacharias, dem Vater Johannes' des Täufers, und das dritte Mal zu Maria.

Der Erzengel Rafael (hebr. = Gott heilt) begegnet uns im alttestamentlichen Buch Tobit in der Geschichte des Tobias. Er begleitet den jungen Tobias auf seinem gefahrvollen Weg und schützt ihn unterwegs und am Ziel. Rafael hilft Tobias, die richtige Frau zu finden und trägt dazu bei, dass bei der Heimkehr des Tobias dessen blinder Vater Tobit geheilt wird.

Gedenktag

29. September

Attribute

Michael – als ritterlicher Engel mit Schwert; Gabriel – mit Lilie; Rafael – als Pilger mit Stab und Wandertasche

Patron

Michael – der Deutschen, Soldaten, Kaufleute, Maler; Gabriel – der Boten, Postbeamten und Briefmarkensammler; Rafael – der Reisenden, Kranken, Apotheker

Oktober

1	Thérèse von Lisieux, Remigius, Werner, Emanuel
2	Petrus, Hermann und Jakob
3	Ewald, Udo, Irmgard
4	Franz v. Assisi, Aurea, Franz Xaver Seelos
5	Maria Faustina, Meinolf, Attila, Anna Schäffer
6	Bruno, Renatus (René), Adalbero
7	Gerold, Justina, Rosa
8	Giovanni Calabria, Gunther
9	Dionysius, Sibylle, Johannes Leonardi, Abraham und Sara
10	Viktor, Gereon, Daniele Comboni
11	Brun, Ethelburg, Manuela Bibiana
12	Maximilian, Edwin, Horst, Gottfried
13	Eduard, Koloman, Sintpert
14	Kallixtus, Hildegund, Burkhard, Alan
15	Teresa v. Ávila, Willa, Aurelia
16	Hedwig, Gallus, Gerhard, Luitgard, Margareta Maria
17	Anselm, Rudolf, Ignatius
18	Lukas, Mono, Petrus von Alcántara
19	Paul vom Kreuz, Jean de Brébeuf, Isaak Jogues
20	Wendelin, Vitalis, Anna Francesca, Jakob Kern
21	Ursula, Antonia, Clementine, Wendelin
22	Contardo Ferrini, Cordula, Ingbert, Blandina
23	Severin, Johannes von Capestrano
24	Gilbert, Antonius Maria Claret
25	Daria, Krispin, Margareta von Roskilde
26	Amandus, Witta
27	Wolfhard, Oran
28	Simon d. Eiferer, Judas Thaddäus, Alfred, Sabina
29	Ermelind, Narzissus, Helene Kafka
30	Bernhard, Claudius, Victor
31	Wolfgang, Notburga, Alonso (Alfons)

Franz von Assisi

Franz wurde um die Jahreswende 1181/82 in Assisi geboren. Sein Vater war ein reicher Kaufmann. Auch der junge Franz lebte wie ein Reicher. Er feierte große Feste und lebte in Saus und Braus. Das änderte sich, als er mit 20 Jahren in den Krieg zog und krank wurde. Er gab sein Geld weg und wurde ein anderer Mensch.

Franz wollte der Ärmste unter den Armen sein. Sein Vorbild war der arme Jesus von Nazaret. Bald schlossen sich ihm andere junge Männer an. Sie wollten so leben wie Franz. Sie verkauften alles, was sie hatten, gaben das Geld den Armen und lebten von dem, was sie erbettelten. Franz zog mit seinen Freunden von Ort zu Ort. Er sprach zu den Menschen von der Liebe Gottes und der Liebe zum Nächsten. Er pflegte Kranke, und er liebte die Tiere und sprach zu ihnen.

Franz wurde nur 44 Jahre alt. Ein schmerzhaftes Augenleiden machte ihn gegen Ende seines Lebens fast blind. Kurz vor seinem Tode empfing er an seinem Körper die Wundmale, die man Jesus am Kreuze zugefügt hatte. Franz starb am 3. Oktober 1226 in Assisi.

Gedenktag

4. Oktober

Attribute

mit den Wundmalen Jesu, mit Tieren

Patron

der Armen, der Sozialarbeit und des Umweltschutzes

november

1	Harald, Luitpold, Arthur, Rupert Mayer	**11**	Martin von Tours, Mennas	**21**	Rufus, Amalberg, Johannes
2	Angela, Tobias, Willibold	**12**	Josaphat, Kunibert, Ämilian	**22**	Cäcilia, Philemon
3	Pirmin, Martin, Hubert, Silvia, Berthold	**13**	Stanislaus Kostka, Karl Lampert, Eugen II.	**23**	Klemens, Kolumban, Felicitas
4	Karl Borromäus, Reginhard, Gregor	**14**	Alberich, Bernhard Letterhaus	**24**	Andreas Dunc-Lac, Flora, Johann Leisentrit
5	Berthild, Emmerich, Bernhard Lichtenberg	**15**	Albert d. Große, Leopold, Marinus	**25**	Katharina v. Alexandrien, Niels Stensen
6	Leonhard, Rudolf, Christine, Modesta	**16**	Margareta von Schottland, Otmar, Walter	**26**	Konrad, Ida
7	Willibrord, Engelbert, Ernst, Gisbert, Karina	**17**	Gertrud von Helfta, Hilda, Florin	**27**	Oda (Ute), Bilhild
8	Gottfried, Claudius, Gregor	**18**	Philippine Rose Duchesne, Odo	**28**	Gunther, Berta
9	Roland, Theodor, Willehad	**19**	Elisabeth von Thüringen, Mechthild	**29**	Friedrich, Jutta, Jolanda
10	Leo d. Große, Justus, Johannes Skotus	**20**	Korbinian, Bernward, Edmund	**30**	Andreas, Gerwald, Folkard, Benjamin

Martin

Martin wurde um 316 im heutigen Ungarn geboren. Seine Eltern glaubten nicht an Gott; sie waren Heiden. Mit ungefähr 15 Jahren wurde Martin Soldat und bald darauf Offizier. Mit seinem Geld half er kranken und hungernden Menschen. Mit 18 Jahren erfuhr Martin von Jesus Christus und ließ sich taufen. Er verließ die Armee und nahm sich vor, nur noch für Jesus da zu sein. Er begab sich

Gedenktag

11. November

Attribute

als Reiter, mit Bettler, Mantel, Gans

Patron

der Soldaten, Reiter, Gastwirte, Reisenden, Bettler, Gefangenen, der Gänse

nun nach Frankreich. Dort baute sich Martin eine Einsiedlerzelle, wo er einfach lebte. Er kümmerte sich um arme und bedürftige Menschen. Auf Drängen des Volkes wurde er im Jahre 371 zum Bischof von Tours gewählt.

Der heilige Martin starb im Jahr 397 im Alter von 80 Jahren. Bis heute wird er als Beschützer und Helfer der Armen besonders verehrt.

Brauchtum

Am Martinstag machen viele Kinder mit Laternen abends einen Martinsumzug und singen Martinslieder.

Elisabeth

Elisabeth war eine ungarische Königstochter und wurde im Jahr 1207 geboren. Sie wurde auf der prächtigen Wartburg im Thüringer Wald erzogen. Im Alter von 14 Jahren heiratete Elisabeth den Landgrafen Ludwig von Thüringen. Sie war sehr glücklich mit ihm und schenkte drei Kindern das Leben.

Als Burgherrin und Gräfin war Elisabeth sehr reich. Aber sie fand es ungerecht, dass das Volk so arm war und die Ritter auf der Burg das schönste Leben führten. Täglich kümmerte sich Elisabeth um die armen und kranken Leute. Ihr Mann ließ sie gewähren, aber ihre hohen Verwandten ärgerten sich, denn sie verachteten die Armen.

Eines Tages musste der Graf in den Krieg nach Süditalien ziehen. Dort starb er an der Pest. Elisabeth musste die Burg verlassen und ging mit ihren Kindern nach Marburg.

Dort baute sie ein Krankenhaus und pflegte die Kranken. Doch bald wurde sie selber krank und starb im Alter von 24 Jahren.

Gedenktag
19. November

Attribute
Rosen, Brote

Patron
der Witwen und Waisen, Kranken, Verfolgten und Notleidenden

Dezember

1	Charles de Foucauld, Edmund, Blanka, Natalia	**12**	Johanna Franziska, Hartmann, Vizelin	**22**	Jutta, Marian, Bertheid
2	Luzius, Bibiana	**13**	Odilia, Lucia, Jodok	**23**	Johannes von Krakau, Viktoria, Dagobert
3	Franz Xaver, Emma, Gerlind	**14**	Johannes vom Kreuz, Berthold	**24**	Adam u. Eva, Josef Maklouf
4	Barbara, Johannes von Damaskus, Adolph Kolping	**15**	Wunibald, Christiane, Carlo Steeb	**25**	Anastasia, Eugenia
5	Anno, Hartwig, Crispina, Reginhard (Reinhard)	**16**	Adelheid, Ado, Sturmius, Abel, David	**26**	Stephanus, Richlind
6	Nikolaus von Myra, Dionysia, Henrika	**17**	Jolanda, Lazarus, Wiwina (Vivina)	**27**	Ap. und Ev. Johannes, Fabiola, Rudger
7	Ambrosius, Gerald	**18**	Philipp, Wunibald	**28**	Hermann, Otto, Julius
8	Elfriede, Edith, Konstantin, Sabina	**19**	Konrad von Lichtenau, Anastasius, Benjamin	**29**	Thomas Becket, Tamara, Lothar
9	Liborius Wagner, Petrus Fourier	**20**	Regina, Holger, Dominikus	**30**	Felix, Sabinus
10	Angelina, Edmund, Eulalia	**21**	Richard, Hagar	**31**	Silvester, Melanie, Kolumba, Katharina Labour
11	Arthur Bell, Tassilo, Damasus				

Barbara

Im 3. Jahrhundert, als viele Christen verfolgt wurden, lebte Barbara mit ihrem Vater, einem reichen Kaufmann, in der heutigen Türkei. Die reichsten Jünglinge warben um das schöne Mädchen, doch Barbara hatte unter den Christen ihre Freunde gefunden und ließ sich heimlich taufen. Als der Vater das erfuhr, war er darüber sehr erbost. Er

Gedenktag
4. Dezember

Attribute
Turm, Kelch und Hostie

Patron
der Mädchen, Bergleute, Architekten, Maurer, Dachdecker, Elektriker

sperrte Barbara in einen finsteren Turm und übergab sie dem Statthalter. Auf dem Weg ins Gefängnis – so erzählt die Legende – verfing sich ein Zweig in ihrem Kleid. Barbara stellte ihn in einen Krug mit Wasser, und als sie zum Tode verurteilt wurde, war der Zweig erblüht. Im Jahre 306 ist Barbara für ihren Glauben gestorben.

Brauchtum

Am 4. Dezember, dem Fest der heiligen Barbara, ist es Brauch, einen Zweig von einem Kirschbaum abzuschneiden, eine Nacht in warmes Wasser zu legen und ihn dann in eine Vase zu stellen. Wenn man das Wasser regelmäßig wechselt, dann steht der Zweig zu Weihnachten in voller Blüte.

Nikolaus

Nikolaus war im 4. Jahrhundert Bischof von Myra in Kleinasien. Das war damals eine sehr schwere Aufgabe. Denn viele Christen wurden von dem heidnischen Kaiser Diokletian verfolgt. Trotzdem verbreitete Nikolaus mutig den Glauben an Christus.

Bischof Nikolaus war ein sehr gütiger Mensch. Er half vielen armen Menschen in Not und Gefahr. Viele Legenden erzählen davon. Einmal half er einigen Seeleuten auf dem Meer. Ihr Schiff war durch Wasser und Wind in Not geraten. Nikolaus rettete die Matrosen vor dem Ertrinken. Als sich diese bei ihm bedanken wollten, sagte er: „Nicht ich, sondern euer Glaube an Gottes Gnade hat euch geholfen."

Brauchtum

Am 6. Dezember feiern wir den Nikolaustag. Zur Erinnerung an den heiligen Bischof kommt an diesem Tag der Nikolaus in die Familien und beschenkt die Kinder.

Gedenktag

6. Dezember

Attribute

als Bischof, drei Goldkugeln oder Äpfel, Schiff, Anker

Patron

der Kinder, Ministranten, Reisenden, Seeleute, Kaufleute

129

Bildnachweis:

Illustrationen: Ursula Harper, München

Fotos: